丛书编委会

主　　编： 罗　群　赵小平

执行主编： 范　俊　张轲风　潘先林

成　　员： 潘先林　张轲风　范　俊　董雁伟　黄体杨
　　　　　　刘灵坪　侯明昌　娄贵品　王春桥　胡鹏飞

云/大/百/年/史/学/丛/书

《学术研究》
与云大史学

左菲悦 ◎ 著

云南大学出版社
YUNNAN UNIVERSITY PRESS
·昆明·

图书在版编目（CIP）数据

《学术研究》与云大史学 / 左菲悦著. -- 昆明：云南大学出版社，2023
（云大百年史学丛书）
ISBN 978-7-5482-4910-8

Ⅰ. ①学… Ⅱ. ①左… Ⅲ. ①史学－文集 Ⅳ. ①K0-53

中国国家版本馆CIP数据核字(2023)第035824号

策划编辑：张丽华
责任编辑：严永欢
封面设计：任 微

云 / 大 / 百 / 年 / 史 / 学 / 丛 / 书

《学术研究》
与云大史学

XUESHU YANJIU YU YUNDA SHIXUE

左菲悦◎著

出版发行：	云南大学出版社
印　　装：	昆明瑆煋印务有限公司
开　　本：	787mm×1092mm 1/16
印　　张：	7.625
字　　数：	120千
版　　次：	2023年3月第1版
印　　次：	2023年3月第1次印刷
书　　号：	ISBN 978-7-5482-4910-8
定　　价：	30.00元

地　　址：	昆明市一二一大街182号（云南大学东陆校区英华园内）
邮　　编：	650091
发行电话：	0871-65033244　65031071
网　　址：	http://www.ynup.com
E-mail：	market@ynup.com

若发现本书有印装质量问题，请与印厂联系调换，联系电话：0871-64167045。

"学术的生命与精神"：百年来云南大学历史学发展回眸

（代序）

国立云南大学校长熊庆来先生说："夫大学之重要，不在其存在，而在其学术的生命与精神。"云南大学的史学研究已走过百年峥嵘岁月，从初建、启航、发展、沉淀以至日渐兴盛局面的开创，艰苦卓绝自毋庸多言，唯有"学术的生命与精神"，如同血液般一直灌注其中，培育了云大史学崇尚学术和经世致用兼举并用的优良传统与精神气质。时逢云南大学百年校庆即将到来之际，有必要回顾和总结云大史学发展的百年历程，以期把握方向，认清前路，走向更辉煌的明天。

一、传统奠定：1923—1949 年间的学术启航

1923—1949 年间是云大史学传统的奠定时期。1923 年，云南大学的前身东陆大学创办之初，即设立包括文、史、经学的国学门。1930 年，东陆大学由私立改为省立，其时已设立历史系。1937 年，全面抗战爆发，熊庆来先生受聘为云南大学校长，秉承"以研究高深学术，造就专门人才"的办学宗旨，聘请和邀约国内知名学者和大批内地高校人才来云大任教，并重新组建了文法学院文史系。1938 年，学校更名为国立云南大学。至 1949 年，荟萃了顾颉刚、钱穆、姜亮夫、白寿彝、袁嘉穀、方树梅、吴晗、方国瑜、尚钺、向达、陶云逵、闻宥、王庸、朱杰勤、谢国桢、翁独健、江应樑、张维华、岑家梧、纳忠、陆钦墀、瞿同祖、丁则良、徐嘉瑞、李源澄、杨堃、华岗、陈复光、刘崇鋐、吴乾就、李埏、马曜、缪鸾和、方龄贵、程应镠等一大批史学英才，极大地繁荣了云大的史学研究，奠定了云大雄厚绵长的史学传统。这一时期，云大的史学发展呈现出以下四个特点：

第一，师资力量雄厚，吸纳了诸多英才，兼聘了郑天挺、闻一多、雷海宗、吴宓、姚从吾、邵循正等众多西南联大学者在云大授课，产生了广泛的社会影响力。尤其是1937—1949年间，云南大学成为国内史学研究重镇。

第二，形成了一批影响深远的学术经典。例如，顾颉刚的《浪口村随笔》《中华民族是一个》，钱穆的《论清儒》《略论王学流变》《中国思想史六讲》，方国瑜的《麽些民族考》，白寿彝的《咸同滇变见闻录》《中国伊斯兰史存稿》，吴晗的《元明两代之"匠户"》《明代的军兵》，向达的《蛮书校注》，瞿同祖的《中国法律与中国社会》《中国封建社会》，袁嘉穀的《滇绎》，楚图南的《纬书导论》，丁则良的《杯酒释兵权考》，江应樑的《西南边疆民族论丛》《西南社会与"西南学"》，翁独健的《新元史、蒙兀儿史记〈爱薛传〉订误》，朱杰勤的《葡人最初来华时地考》《中国古代海舶杂考》，纳忠的《论中国与西亚各国之关系》，徐嘉瑞的《大理古代文化史》《云南农村戏曲史》，杨堃的《论"中国社会史"问题》，陈复光的《有清一代之中俄关系》，吴乾就的《〈咸同滇变见闻录〉评正》《清初之圈地问题》等重要研究成果，均是在云大期间完成或发表的。

第三，创建史学研究平台和参与重大学术工程。1937年，方国瑜等人创办西南文化研究室；筹资编印《元代云南史地丛考》《滇西边区考察记》《明清滇人著述书目》《越南古史及其民族文化之研究》《缅甸史纲》《印度美术史》《暹罗史》等"西南文化研究丛书"11种；创办《西南边疆》杂志，共发行18期。《西南边疆》杂志是抗战时期最重要、最权威的有关西南研究的学术刊物。此外，袁嘉穀、方国瑜、方树梅等学者长期参与云南大型学术工程《新纂云南通志》的编纂和审定。

第四，形成了影响深远、延绵至今的史学传统。在民族危机和国难当头的现实感召下，地处边疆的云大学者葆有强烈的经世致用、关怀现实的家国情怀和经世理念，形成了注重西南边疆民族研究、强调实地民族社会调查路径、厚植云南乡土历史研究等学术传统和研究特色。例如，顾颉刚从边疆民族出发，深入审思历史疆域的形成和中华民族的整体性；方国瑜从古史和古文字研究转向西南边疆研究，并参加中英会勘滇缅南段未定界委员会工作,在实地考察基础上完成《滇西边区考察记》;白寿彝致力于云南回族历史文化研究;向达转向《蛮书》研究;等等。与此同时,江应樑、陶云逵等坚持民族调查方法开展民族文献发掘和民族史开拓;以袁嘉谷、方国瑜、方树梅等为代表的一批学者致力于云南乡土知识体系重建;等等。

二、优势凸显:蹉跎中奋进的"新中国三十年"

1950—1978年间,云南大学经历了全国院系调整、大批师资力量流失、由国立改省属大学等重大变化,加之期间受各种不利因素的严重干扰,研究力量有所萎缩,学术氛围受到影响,整体实力有所下降。尽管如此,这一时期的云南大学史学发展总体上仍保持着蓬勃向上的奋进态势,取得了斐然成绩,呈现出以下特点:

第一,带动全国史学界重大学术命题的讨论热潮。新中国成立后,我国史学界兴起了以"五朵金花"为代表的重大学术命题的讨论热潮。李埏先生先后在《历史研究》上发表《论我国的"封建的土地国有制"》(1956)、《试论殷商奴隶制向西周封建制的过渡问题》(1961)等重要学术论文,提出"土地国有制"这一重要学术概念,成为中国封建土地所有制形式讨论的重要学派和代表人物,带动了全国史学界关于中国土地所有制问题的讨论热潮。此外,马曜、缪鸾和发表长篇论文《从西双版纳看西周》(1963),继承和发扬以民族活态资料印证古史的"民族考古学"路径,密切参与到土地所有制形式问题的讨论之中。以上研究,学术影响巨大,奠定了云大中国经济史研究在全国的领先地位。

第二,凝聚学术话语体系,历史认识和民族理论获得创新发展。这一时期的云大史学研究也在向着深层次的理论探讨和话语体系构建的方向发展。新中国成立后兴起了"中国的历史范围"讨论,其时学界对中国疆域发展的认识分歧较大,方国瑜先生发表《论中国历史发展的整体性》(1963)一文,强调"王朝史不等于中国史",应将中原与边疆的历史都视为中国历史发展整体中的一个部分,重点阐释边疆民族地区在中国历史发展中的重要地位和作用。这一理论思考获得史学界的普遍赞誉和认同。此外，民族理论研究和话语体系构建获得创新发展，杨堃的《试论云南白族的形成和发展》（1957）、《关于民族和民族共同体的几个问题》（1964），熊锡元的《民族形成问题探讨》（1964）等论文，带动了民族形成问题讨论和"中华民族共同体"相关理论话语凝聚，在全国史学界都具有重大的学术前瞻性。

第三，拓展史学人才培养的新路径。云南大学是在历史教学和人才培养中最早开展历史地图编绘探索的教学单位，并于1953年前后初步编绘了世界上古史、世界中古史和部分中国史常用历史地图六十余幅，为历史教学和学生培养提供了极大便利。这一事迹获得媒体和学界报道和关注，云南大学历史系世界史、中国史教研小组联名发表《我们怎样摸索着绘制历史参考地图》（1953）一文，作为重要教学经验向全国推广。此外，云大史学人才培养延续实地调查的优良传统。1959年前后，历史系学生在云南个旧开展矿业调查，梁从诫先生带领学生在当地边上课、边劳动、边调查，其间历史系师生集体编订《云南矿冶史》《个旧锡矿史》《个旧矿业调查》《个旧矿工歌谣选》等著作，朱惠荣、谢本书、邹启宇等著名学者都曾参与此次考察和著述编纂工作，为他们此后勃兴的学术事业奠定了扎实基础。

第四，积极参与国家重大学术工程。1953年始，方国瑜、江应樑、杨堃等教授受到委托，带领云大众多师生参加少数民族社会历史调查和民族识别工作。1961年始，方国瑜作为周总理亲自关怀的国家重大学术工程——《中国历史地图集》西南部分编绘工作的负责人，与尤中、朱惠荣一起完成这一国家使命，彰显了云大史学的研究实力，培植了云大历史地理学发展的深厚土壤。1965年，方国瑜等学者还启动了《云南史料丛刊》的编撰，惜因各种缘故而中断。

在专业设置与机构上，云南大学历史系先后设立历史学、中国民族史、档案学、图书馆学、人类学、社会工作、世界史专业，形成了以方国瑜、江应樑、杨堃、李埏、尤中等为代表的学科队伍；成立了具有学科特色的西南文化史、中国民族史、云南地方史、中国封建经济史、西南边疆史、南亚东南亚史、西南亚史、西南古籍研究等科研教学机构。其时，云南大学的史学研究逐渐呈现出研究方向上的优势和特色：中国民族史特色日益突出，中国经济史发展迅速，形成了一系列具有全国性影响力的重要成果。而在世界史领域，以纳忠先生为代表的西亚、阿拉伯史研究独树一帜，并形成了纳忠、杨兆钧、张家麟、武希辕、李德家、施子愉、方德昭、邹启宇、赵瑞芳、吴继德、左文华、唐敏、黎家斌、徐康明等人为骨干的世界史学科队伍。除上述已见的成果外，尚有方国瑜的《有关南诏史史料的几个问题》《汉晋时期在云南的汉族移民》《唐宋时期在云南的汉族移民》，李埏的《略论唐代的"钱帛兼行"》，江应樑的《明代云南境内的土官与土司》《凉山彝族社会的历史发展》，尤中的《汉晋时期的"西南夷"》，吴乾就的《关于杜文秀的评价问题》，等等。总言之，这一时期逐渐奠定了中国民族史和中国经济史在云大史学研究中的基石地位。

三、巩固特色：改革开放二十年的机构与学科建设

改革开放后，云大史学研究迎来新的春天，进入一个跨越式发展阶段。在学科建设上，1981年，云南大学的中国民族史获博士学位授权，成为新中国以来首批博士学位授权点。1981年，世界史获得地区国别史的硕士授权。1986年，专门史（经济史）获博士学位授权。同年，中国民族史、中国经济史列为云南省首批省级重点学科。1995年，云南大学历史系被国家教委批准为全国普通高校文科基础学科人才培养与科学研究基地。2000年，以中国民族史为重要支撑的西南边疆少数民族研究中心获批教育部全国普通高校人文社会科学重点研究基地。2000年，获得世界史二级学科博士授权，云南大学成为我国较早获得世界史硕士、博士授权的大学之一。与此同时，相关学术机构纷纷成立。1980年，成立西南边疆民族历史研究所；1984年，成立西南古籍研究所；1999年，成立西南边疆少数民族研究中心。其间，创办《史学论丛》《西南民族历史研究所集刊》《西南古籍研究》《西南边疆民族研究集刊》等多种学术刊物，在学界产生重要影响。教研团队建设取得较大发展，诸多青年英才成长为史学研究的骨干力量，形成了两大优势学科团队，即以方国瑜、江应樑为学术带头人，以木芹、林超民、徐文德、郑志惠、陆韧、潘先林、秦树才等学者为骨干的中国民族史学科队伍；以李埏为学术带头人，以朱惠荣、董孟雄、林文

勋、武建国等学者为骨干的中国经济史学科团队。同时，云南大学世界史学科以亚洲、非洲等发展中国家为基本研究领域，以东南亚史、南亚史、西亚非洲史、亚太国际关系史研究为研究重点，也重视欧美史及西方史学理论的研究，在东南亚史、南亚史、西亚非洲史、亚太国际关系史方面形成了自身的优势和特色，先后建成了以贺圣达、左文华、吕昭义、何平为带头人的南亚东南亚史研究团队，以肖宪为带头人的中东史研究团队，以唐敏、徐康明、许洁明、李杰为带头人的欧美史研究团队，以及以刘鸿武为带头人的非洲史研究团队。

推出了一批重要学术成果：1978年，在方国瑜先生主持下重启《云南史料丛刊》编撰，虽因各种原因时断时续，最终在林超民教授主持以及徐文德、郑志惠等学者的共同努力下，《云南史料丛刊》共计十三卷，于1998—2001年间全部出版。《云南史料丛刊》的问世不仅完成了民族史同仁三十年的心愿，且进一步夯实了云大民族史的研究基础。江应樑、林超民主编的《中国民族史》（民族出版社，1990）共三册，110万字，是新中国成立以来第一部中国民族史方面的通史著作，获得国家图书奖。此外，尚有一批影响力巨大的学术经典著述问世，例如，方国瑜的《云南史料目录概说》《中国西南历史地理考释》《彝族史稿》，江应樑的《傣族史》，尤中的《中国西南民族史》《中国西南边疆变迁史》《僰古通纪浅述校注》，木芹的《云南志补注》《南诏野史会证》《两汉民族关系史》《中华民族历史整体发展论》等民族史研究力作，以及李埏的《中国封建经济史论集》，李埏和武建国合著的《中国古代土地国有制史》，李埏和林文勋合著的《宋金楮币史系年》，李埏主编的《中国封建经济史研究》，武建国的《均田制研究》等经济史研究成果。

这一时期的云大史学发展呈现出以下特点：首先是相关学术机构的建立和人才培养体系的健全，云南大学获得了更大的发展空间；其次，明确了发展方向和目标，正式确立了中国民族史和中国经济史的传统优势学科地位；再者，学术成果大量涌现，青年人才不断成长，保障了云大史学研究的持续进步。同时，中国近现代史、中国古代史、历史地理学、历史文献学、南亚东南亚史、欧美史、非洲史等研究方向都有较快发展。

四、开拓创新：新时代下加快"三大体系"构建的特色道路

最近20年，云南大学的历史学在学科体系建设、学术研究、团队建设、人才培养、社会服务等各方面都取得了长足发展。2003年，获得历史学一级学科博士学位授权和博士后科研工作流动站。2006年，自主增设中国社会史、中国边疆学2个二级学科博士学位授权点。2007年，专门史（中国经济史、中国民族史）获准为国家重点学科。同年，获批云南省哲学社会科学研究基地"滇学研究基地"。2011年，中国史一级学科获博士学位授权。2016年，中国史入选云南省高峰学科。2019年，被教育部认定为首批"国家级一流本科专业"建设点。中国史在2017年教育部公布的第四轮学科评估中获得B（排名位于前20%—30%）。2021年、2022年公布的软科学科排名，中国史连续进入前10%。近5年来，云南大学历史学学科成员获得第七届高等学校科学研究优秀成果奖3项、第五届郭沫若中国历史学奖提名奖1项，获得云南省哲社优秀成果奖56项、云南省高等教育教学成果奖2项、云南省级教学奖3项；主持国家社科基金重大项目7项、一般项目近百项；承担中国历史研究院重大项目1项、委托项目6项，且系《（新编）中国通史·中国民族史卷》主编单位。云大史学已发展成为国内史学领域优势特色明显、教研体系完备、师资力量雄厚、科研成果突出、学术影响甚大的学术重镇。

持续加强平台、团队、师资建设，努力构建完备的学术体系。先后成立了中国经济史研究所、西南环境史研究所、中国历史地理研究所、古地图与丝绸之路研究中心、"数字人文"实验室等学术机构；建成5个省级哲学社会科学创新团队；持续打造西南学工作坊、中国民族史青年学者研习营、"富民社会"理论研习营等学术沙龙品牌。近5年来，引进7位在国内颇具学术影响的知名学者以及10余位研究能力突出的青年才俊，新增东陆骨干教授2人、东陆青年学者2人、国务院学科评议组成员2人，入选国家级人才计划3人，入选云南省级人才计划10余人。目前，云大历史学科团队共有正高级职称32人、副高级职称26人、中级职称18人，博士生导师17人。

推出了一批影响力较大的教研成果:《方国瑜文集》《李埏文集》相继问世;持续推出"中国边疆研究丛书""云南大学宋史研究丛书""云南大学中国经济史研究丛书""云南地方经济史研究丛书",以及方国瑜的《云南民族史讲义》,尤中的《中国西南民族地区沿革史(先秦至汉晋时期)》,武建国的《汉唐经济社会研究》,林文勋的《唐宋社会变革论纲》《中国经济史研究的理论与方法》《中国古代"富民"阶层研究》,方铁的《西南通史》,吕昭义的《英属印度与中国西南边疆:1774—1911》《英帝国与中国西南边疆:1911—1947》,陆韧的《云南对外交通史》,何平的《从云南到阿萨姆:傣—泰民族历史再考与重构》《东南亚的封建—奴隶制结构与古代东方社会》,李杰的《历史进程与历史理性》《马克思主义史学思想史》,殷永林的《独立以来巴基斯坦经济发展研究:1947—2014》,许洁明的《英国贵族文化史》,张锦鹏的《南宋交通史》,成一农的《当代中国历史地理学研究》,钱金飞的《德意志近代早期政治与社会转型研究》等学术力作。学科成员在《中国社会科学》《历史研究》《中国史研究》《世界历史》《民族研究》《世界民族》《中国边疆史地研究》《史学理论研究》《中共党史研究》等权威刊物上发表学术论文百余篇。同时,诚聘20余位海内外经济史、边疆学知名学者集中打造"中国经济史研究的理论与方法""中国的边疆与边疆研究"研究生优质课程,以慕课方式推向全国,出版教材,以研促教,教研结合。

进一步巩固基础,凝练特色,发展新兴领域。通过学术合作、构筑平台、团队组建、推出成果等方式,不断巩固提升中国经济史、中国民族史传统优势学科,大力发展西南边疆史与中国边疆学、历史地理学等新的特色方向,取得了极为显明的成效,目前已发展成为云大中国史的四个龙头方向。同时,紧跟时代步伐,加强世界史、考古学建设力度,积极拓展数字人文、环境史、海洋史、国家治理史等新兴领域。其间积极开展话语体系构建的理论探索。林文勋教授的中国古代"富民社会"学说,自21世纪初提出以来,已确立起学术概念与学术框架,初步建构了自成一家的理论体系,成为新时期重新阐释中国古代特色发展道路的重要话语体系之一。以世界史研究为基础形成的一些政府决策咨询报告,获得党和国家最高领导人亲自批示,上升为我国对缅甸、中南半岛国家和南亚国家的重大决策，在全国产生了重大影响。

学术交流频繁，先后承办中国历史文献学会年会、中国灾害史年会暨西南灾荒史国际学术会议、世界史高层论坛、中国边疆学论坛、中国环境史国际学术研讨会、中国民族史年会、教育部历史学教指委中国史学科建设研讨会、地图学史前沿论坛暨"《地图学史》翻译工程"国际研讨会、第二届新时代史学理论论坛等大型学术会议，有力地推动和彰显了云大史学在国内外的学术影响力。

近20年来，云南大学历史学在强化特色基础上不断扩展新领域、新方向，大力推进团队和师资建设，积极开展科研项目申报和研究，持续推出优秀学术成果，扩大学术交流和学术影响，开拓学术推广和公众服务，实现了全方位、全系统的提升和体系完备。如今，云大史学同仁沿着先辈的足迹，在加快构建中国特色历史学学科体系、学术体系、话语体系的道路上砥砺前行，已开拓出一条符合实际、行之有效、彰显特色的发展道路。

编委会
2023年1月

出版说明

为迎接云南大学百年校庆,推动学术交流,纪念史学前辈对云大史学发展做出的突出贡献,表彰其卓越的史学成就,云南大学的史学同仁特意推出了"云大百年史学丛书"。

"云大百年史学丛书"包括《云南省边疆行政设计委员会与云大史学》(王冬兰著)、《私立五华文理学院与云大史学》(尹馨萍著)、《国立云南大学西南文化研究室与云大史学》(谢太芳著)、《〈学术研究〉与云大史学》(左菲悦著)、《历史系师生工矿史调查与云大史学》(李能燕著)共5种。该丛书以梳理重要学术机构与云大史学发展史为主旨,其中也辑录了非常丰富的原始资料,对云大史学发展史和相关学术研究均具有重要的价值。

目 录

一、学者云来，创刊立说；特色鲜明，汇集于滇 …………………… 001
　（一）新中国成立初期云南学术情况 ………………………… 001
　（二）新中国成立初期云南省学术刊物情况 ………………… 003
　（三）云大学者与《学术研究》（云南版）的创办 ………… 005

二、刊物发展，宣传思想；云大一流，声名远播 …………………… 008
　（一）论文发表情况 …………………………………………… 008
　（二）史学论文发表情况 ……………………………………… 010
　（三）云大学者介绍 …………………………………………… 021

三、戛然而止与再造新声 ……………………………………………… 039

四、回应时代变革：对史学理论热点问题的关注 …………………… 042
　（一）马克思主义史学的确立 ………………………………… 042
　（二）争鸣与对话中，对民族问题的深入研究 ……………… 044
　（三）"食货之学"：中国经济史研究 ………………………… 061
　（四）后起之秀：农民起义研究 ……………………………… 063
　（五）激浪前进，阵阵回响 …………………………………… 071

五、薪火相传，学术相继：对云南史学的推动 ……………………… 073
　（一）中青年史学工作者的成长园地 ………………………… 073
　（二）史学界信息传播的窗口 ………………………………… 076
　（三）研究方法的与时俱进 …………………………………… 079

六、时代局限 …………………………………………………… 083

七、述往思来，向史而新 ……………………………………… 086

附录一：《学术研究》（云南版）图片资料 …………………… 088

附录二：《学术研究》（云南版）目录总集 …………………… 095

一、学者云来，创刊立说；特色鲜明，汇集于滇

（一）新中国成立初期云南学术情况

云南虽地处我国的西南边疆，学术风气早已有之，崇文兴学之风日盛。20世纪，是云南学术从传统走向现代的关键历史阶段，其呈现了与之前各个历史时期不同的学术面貌。早在20世纪初期，以赵藩、袁嘉谷、秦光玉、由云龙、李根源、方树梅等人为代表的传统学术派，就根据传统治学方法——搜集、整理、考证、评注等，倾注一代乡贤之心力，把云南重要的文献搜罗殆尽，系统地总结了有史以来云南的地方历史文化，也为后任的史学研究提供了可靠的文献基础。这一时期搜集整理文献的主要成果基本上都收入《云南丛书》之中，嘉惠后世，对于云南的研究，贡献卓著。再者，编成了《新纂云南通志》，这部志书是云南传统方志的集大成之作，代表了云南当时史学研究的水准。

近代以来，国家面临严重的边疆危机，更多的学者将现实性与临时性结合，将研究目光集中在应对边疆危机的现实上。云南大学的成立为现代学术的发展提供了平台和必要支持，在熊庆来校长提出"延续我国学术之生命"，"树立我民族复兴之基础"的学术目标之下，云大的学术氛围更为浓厚。曾负笈在外的滇籍学人与内迁的学者，纷纷进入云大。在抗战全面爆发之后，国立西南联大落地于昆明，更是带来了一批当时学贯中西的学术精英，他们对云南学术的转型起了巨大的作用，原来的传统治学方式逐渐转向现代学术体系，历史研究按照现代的学术范式进行运作，并产生了一定的研究成果。主要分为三类，第一类是少数民族历史文化研究。内迁学者和云南本土学者一道开展了卓有成效的民族调查和民族历史文化研究，为云南乃至中国民族学学科的发展做出了重要贡献。第二类是一般历史文化研究。云南学者根据现代研究范式，对云南本土问题进行研究。第三类是世界史研究。即对于云南周边国家的历史性考察以及对域外史料的

搜集，初步研究已经开展，也有些许的成果出版。

总之，在20世纪上半叶，云南的学术发展已经有了长足的进步，基本完成了由传统学术向现代学术的转型。其中，云南大学与西南联大一道，促成了云南学术的成功转型，而云南大学深耕云南沃土，承担了巩固和发扬之使命，将云南的学术研究继续深化。战火纷飞，对云南学术发展虽有一定阻滞，但在此期间的学术研究为新中国成立后云南学术发展打下了坚实基础。

新中国成立后，万象更新，这一时期的高等教育或者学术研究都要求与"资产阶级史学"决裂，建立起马克思主义唯物史观指导下的新的学术体系。在20世纪50、60年代的云南学术界，出现了"怕学术问题搞成政治问题，不敢以个人的名义发表文章"的情况，云南的学术界尤其是史学研究受到很大影响，因此这一时期云南的史学研究成果不能很好地公之于众。对于已经发表的文章，其作者多为方国瑜、江应樑、李埏、马曜等这些云南史学界已经成名的大家，青年学者的研究成果很难发表，这对中青年史学研究人员的培养明显不利，激发不了他们对于史学研究的热情和创新。

同时，从1951年开始，为了响应国家的民族政策，云南省民族事务委员会就着手组织力量，对全省少数民族人口、名称、支系和社会历史情况进行全面而系统的调查。参与其中的有中国科学院民族研究所云南民族调查组，云南民族研究所组织中央、省、地、县有关部门的干部，民族研究工作者，高等院校师生及各界民主人士，他们有计划地陆续进行了大规模的民族社会历史状况调查，先后参加调查工作的人员有几百人，形成了一大批调查成果。这些民族调查的研究成果，为我国历史研究尤其是云南历史研究提供了史料支撑，在中国古代史、云南地方史、民族史等相关研究领域中发挥了重要作用。

1955年春，周恩来总理亲临云南大学视察，作了许多重要指示，为云大的建设和发展指明了方向，尤其是云南大学要发挥当地的民族特色和地缘的优势。他特别指出："历史系要根据云南的特点，着重研究少数民族的历史，特别要研究少数民族对我们伟大祖国的贡献，他们保卫了祖国边疆，巩固了祖国的版图。"这一指示，为云南大学的科研工作特别是文科教学科研工作确立了方向，尤其是为历史系的发展提供了重要的契机。以历史系为例，1956年暑假，民族史专业的师生到大理剑川白族地区调查并搜集资料；同年10月至次年5月，部分师生又到西盟佤族自治县调查并搜集资料；1958年下半年到德宏傣族、景颇族地区；1959年上半年到楚雄彝族自治州；1960年到四川大凉山彝族自治州；1960年春到红河哈尼族彝族自治州等地调查并搜集资料。1959年，毕业班学生在张家麟等教师的组织指导下，写出了《个旧锡矿史》《东川铜矿史》等初步成果。其调查资料也为后来的研究打下坚实的基础。1958年初，云南民族研究中心成立，由方国瑜主管，这个中心由历史系和中文系相关教研组组成，对搜集调查的资料进行分析梳理，以此研究云南各个少数民族的历史发展、社会性质、党的民族理论和政策、云南与邻省邻邦民族关系等各个方面。

云南大学的文科优势主要集中于文史诸学科，特别是基于云南独特民族历史文化资源所形成的民族问题研究，不但有老一辈学者已经著书立说的学术积淀，一部分青年学者也成长于其中，为《学术研究》（云南版）的创立奠定了良好的学科优势和人才基础。

（二）新中国成立初期云南省的学术刊物情况

新中国成立之初，国内的学术性刊物较少，比较有代表性的史学研究刊物仅有《历史教学》《新史学通讯》《文史哲》等。这些刊物多由高校及史学研究机构创办，或带有地方特色，与一些学者的个人兴趣和努力相关。而随着新中国的成立，马克思主义史学占据史学发展的主导地位，因此史学界对于唯物史观的理论宣传迫在眉睫。与此同时，期刊屈指可数的局面，使得研究人员发表文章的园地不广，他们也需要一个可以阐发新意、见解，进行学术讨论的平台。

1950年6月上旬，教育部召开了第一次全国高等学校会议，讨论了改造高等教育的方针和新中国高等教育建设的方向，强调："必须进行科学研究工作，不断提高教师与学生的水平，以便掌握现代科学和技术的最新发现。"由此可见刚建立起来的新中国对高等教育的重视程度。教育关乎一个国家的未来，这次会议就是在擘画一个未来。1953年，国家进行大规模的院系调整，云南大学是当时全国仅有的文理科兼备的14所综合大学之一。此后，云南大学愈加重视学校的科研。1954年3月12日，学校举行了第一次科学论文讨论会，会议分文史、医理农两组，共交流了8篇论文，其中，文科以刘尧民的《中国古代神话的研究》、方国瑜的《汉晋时期云南的蒙族移民》、纳忠的《九世纪中叶伊朗的巴布农民起义》3篇文章，在大会作了交流。此次讨论会对大家启发很大，有利于学校科研工作的开展和教学质量的提高。

学术研究成果的公布与学者之间交流需要发声的平台。学术期刊以高效、便捷的方式，使学者有机会将研究成果得以迅速发表，为学者间的交流、论辩提供了重要平台，是众多专家、学者选择刊登学术成果的首选方式之一。新中国成立初期的云南学术界，出版的刊物极为有限。当时的云南学术界仅有1956年复刊的《云南大学学报》以及创办于1957年的《人文科学杂志》两份学术刊物，两份学术刊物均为云南大学创办。在《云南大学志·科研志》中对《云南大学学报》的介绍极为简略，对《人文科学杂志》基本没有提及，仅在介绍云大学者成果时注明发表在相关刊物上，并称其为《云南大学人文科学杂志》，人们对当时两份刊物的具体情况知之不详。

《云南大学学报》采用的是文理合版形式，在1957年仅发行1期，且其刊登的12篇论文中，仅有4篇是人文科学论文，其余的都是自然科学类。1957年后，《云南大学学报》改为自然科学与人文科学分刊发行，以季刊的形式出版，但刊行时间不稳定，每年仅出2~3期，如1957年《云南大学学报》（人文科学）的第二期出版时间是在3月，但第三期则到了10月才出版，出刊的间隔时间太长。每期《云南大学学报》（人文科学）仅刊登5~6篇学术论文，登载的史学论文每期多则3~4篇，少则1篇，尤其是1960年第一期的《云南大学学报》（人文科学）仅有一篇关于唐天宝年间洱海区域战争的具体分析和学术讨论的介绍。1959年后，《云南大学学报》一直停办，改革开放以后才开始恢复发行。

而《人文科学杂志》是在"百花齐放，百家争鸣"的精神鼓舞下产生的，在1957年创刊后，以双月刊的形式发行，以云大文科教师们的科学研究工作为基础，主要刊载云大文科教师们的论文，并与全国学术界取得联系，进行交流。就现保存该刊物的情况看，云南大学图书馆现存1957年和1958年第1~6期，云南省图书馆仅存有1957年的第1~4期，1958年的第1~6期，1959年以后该刊物未见刊行。

由此可见，云南学术界当时出版的学术刊物较少，未能全面反映云南学术发展之概貌，尤其是未能反映云南社会各界的研究成果，所以出版一份新的刊物，显得尤为必要。

（三）云大学者与《学术研究》（云南版）的创办

在此情况之下，为适应社会主义建设事业的需要，经中共云南省委批准成立了云南省哲学社会科学学会，其是现在云南省社会科学界联合会的前身，《学术研究》（云南版）正是该机构创办的一份综合性学术刊物[①]，为云南学术的交流和发展，搭建了一个平台。

云南省哲学社会科学学会下属有哲学、经济、历史、法律、教育、心理和民族语言、民族文学、民族历史等学会，各学会分别成立了领导小组，负责日常工作。据统计，当时各学会共有会员300多人。早在1956年时，云南省就成立了少数民族社会历史研究所，1958年成立中国科学院昆明分院历史研究所，所长为方章，方国瑜和张德光为副所长。直到1963年，两所合并，改称云南省民族社会历史研究所，由中共云南省委任命侯方岳为所长，方国瑜为副所长。1965年后又改称云南省历史研究所。其中，就有不少的学者来自云南大学历史系。云南省内不管是高校，还是社会层面，对少数民族历史的研究都是基础雄厚的，这也为学术刊物的创办奠定了良好的基础。

《学术研究》（云南版）于1961年7月正式发行，由于创刊时云南省哲学社会科学学会还未成立，所以人们误以为《学术研究》（云南版）是在1962年才创办的。《云南省志·社会科学志》对此介绍说："为适应社

---

① 1965年1月《学术研究》（云南版）停刊后，至1987年云南省社科联恢复后才复刊，但广东版的《学术研究》早已恢复发行，并用此名称，因此云南之前的《学术研究》刊物更名为《云南社科通讯》，1994年又更名为《云南学术探索》，随后又更名为现在的《学术探索》。在此予以说明。

会主义建设事业的需要，经中共云南省委批准于 1962 年召开了云南省首届社会科学工作者代表大会，正式成立了云南省哲学社会科学学会，在哲学社会科学学会领导下，出版了社会科学综合性理论刊物《学术研究》。"①根据《学术研究》（云南版）"学术动态"栏目的介绍，云南省哲学社会科学学会于 1961 年 2 月 1 日举行首次动员大会，宣告学会正式成立。此处统计的当时云南省哲学社会科学学会会员有 240 多人。袁勃当选为会长，副会长有何长庆、薛波、方国瑜、寸树声、方章、成璧，秘书长是温剑锋，理事会下设办公室，编制 10 人，实有 9 人，其组织机构已经初具规模。1962 年第 2 期的《学术研究》（云南版）"学术动态"栏目介绍："学会早在去年（1961 年）四月，就进行了酝酿，并初步作了些筹备工作。于今年一月中旬，组成学会筹备处，并在省委宣传部的指导下，召集有关单位研究了学会会章及确定学会工作范围为哲学、政治经济学、历史学、教育学、心理学、民族文字和语言、民族历史等方面。"

《学术研究》（云南版）是云南省哲学社会科学学会在贯彻"百花齐放，百家争鸣"方针的形势下创办的，其目的是使这一时期的学术研究成果有较为稳定的发表平台，展示这一时期云南学术研究工作和学术活动取得的成果，以发表哲学、政治经济学、历史学、教育学、心理学、民族文字和语言、民族历史等方面的文章为主。在创刊之初，自然科学与人文科学还未分刊，一份刊物中包含有"逻辑与政治经济""历史与民族""数学与物理""工业与化学""农学与植物""医学"等栏目，还有"学术动态"，介绍当时的国内学术研究动态。每月刊出一期，每期登载 6~7 篇学术论文。虽后来刊载的哲学社会科学类文章数量少，但每一期都有史学论文，多则 3 篇，少则 1 篇，可见其编辑部对史学论文的重视程度。一些史学论文还被《人民日报》《光明日报》和《云南日报》等重要报刊进行了观点介绍和转载，这使得本刊物的知名度大大提高。

学术期刊需要固定的编辑人员，《学术研究》（云南版）虽署名为"云南学术研究编辑委员会"，但却有不少的编辑是来自云南大学的。云南

---

① 云南省地方志编纂委员会编：《云南省志·社会科学志》，云南人民出版社 1997 年版，第 337 页。

省哲学社会科学学会成立时的名单中,副会长方国瑜是云南大学文史系的知名教授;副会长寸树声是时任云南大学副校长,主管学校的科研工作,十分重视学校的科研发展,并且在他的支持之下,云大在 60 年代初期到中期,教学和科研工作又出现一次发展的高潮;编辑之一的文传洋 1959 年毕业于云南大学;编委之一的徐嘉瑞曾任云南大学文史系的主任。可以说,《学术研究》(云南版)的创办,与云大学者之间有着紧密的联系,许多云大学者参与其中。编辑部位于昆明护国路 31 号科学分院内,刊物由云南人民印刷厂负责印刷。自刊物公开发行以来,每册定价为 0.25 元,每月 15 日发行,发行代号为:64019。对于《学术研究》(云南版)的投稿者,从前期看,其大都为云南省哲学社会科学学会的成员,这些成员绝大部分是云南各大学尤其是云南大学以及各个研究所的学者和研究员。可见,本刊物也是云南大学学术研究的重要刊物之一,随着其影响扩大,云南大学与国内各个机构之间的学术交流也随之变得频繁,对于学术界的热点议题,也更容易把握。

二、刊物发展，宣传思想；云大一流，声名远播

（一）论文发表情况

《学术研究》（云南版）从1961年起创刊，到1965年停刊，共办了4年，发表论文400多篇。其在创刊初期，为内部免费赠阅的刊物，是自然科学与人文科学合刊的月刊。1961年第1期到1962年第2期，都是自然科学人文科学合刊的状态，一共发表了论文49篇，其中自然科学论文23篇，社会科学性质的论文26篇，包含史学论文16篇，发布的学术动态一共27则。由此可以看出，在分刊前自然科学论文与人文科学论文的数量相差不大，但在人文科学的论文中，史学论文就占有了较大的比重，可见这一时期云南史学的发展较快，成果较多，《学术研究》（云南版）编辑部对此也较为重视。

创刊伊始，该刊物就刊登了一批具有重要影响的学术成果，得到了《云南日报》《人民日报》《光明日报》等报刊的重视和介绍，引起学界重视，导致读者对其需求量大为增加。所以在1961年第6期，该刊物刊登启事："本刊自1961年7月创刊以来，各期均为免费赠阅。但赠阅范围较狭，远不能满足读者需要，因此，决定从1962年1月起，改变原来的赠阅方法，实行内部订阅。"① 在短短半年的时间里，《学术研究》（云南版）实现由一份内部刊物发展为全国性公开的学术刊物，扩大了云南学术界的影响。随着刊物的发展和受众人群的分化，自然科学与人文科学分刊发行成为必然，1962年第2期的《学术研究》（云南版）就发布了云南《学术研究》编辑室刊登的重要启事："云南《学术研究》原是社会科学和自然科学合刊出版。为了便于读者利用和更好地发挥刊物的作用，兹决定从1962年3月起分开出版，分别发行，单月出社会科学版，双月出自然科学版。

① 《启事》，《学术研究》（云南版）1961年第6期，第77页。

单价每册仍为二角五分。"由此，该刊物将社会科学版与自然科学版分开出版，使得刊物的受众更具有针对性。再者，从1963年1月起，编辑部废除了凭证订阅的办法，公开在全国范围内通过邮局订阅。为了适应读者及刊物的改版需要，刊物在版面设计上和对文章的数量上有了提高，尤其是更加突出了民族史研究方面的成果，凸显了本刊物的特色性。通过对论文发表数量的统计，从1961年创刊至1965年的时间里，《学术研究》（云南版）刊登的论文，史学论文达87篇，所占比例最大，占社会科学类学术论文的53%。而云南学者自新中国成立后至《学术研究》（云南版）创刊前的10余年的时间里，仅仅在公开学术刊物上发表19篇史学论文。由此可见，《学术研究》（云南版）宣传了云南的史学研究成果，尤其是云南地方历史和民族研究所取得的成绩，成为云南学术界与全国学术界沟通、对话的重要平台。

而从投稿的情况上看，虽然在1961年7月的创刊号上，没有任何关于刊物创办的宗旨及过程的相关信息的介绍，这可能与当时最初创办时，给该刊的定义就是内部发行的交流刊物这一原因相关。但从改变期刊的订阅方式和发行方式之后，《学术研究》（云南版）的投稿信息就有明确的改变，之前对文章只是要求有学术性和文字简练，对来稿的字数、稿件的引文、注释等基本都没有明确要求，进而变成对来稿、用稿都有明确规范。

稿约（自1962年第3期起）

一、本刊（社科版）是哲学社会科学综合性的学术刊物，逢单月出版，欢迎下列稿件：

1. 有关哲学、经济学、科学社会主义、政治学、历史学、民族历史、教育学、语言学等方面的学术论文；

2. 对上述学科中正在进行争论的或值得进一步研究、探讨的问题，提出自己的意见进行讨论的文章；

3. 对社会主义建设中提出的实际问题从理论和政策高度进行分析、研究的文章；

4. 有关本省各民族、各地区的政治、经济、历史等方面的有价值的调查资料和考证；

5. 马克思列宁主义经典著作的介绍和纪念论文；

6. 各单位或个人开展学术研究活动，学术讨论会等情况的报道；

7. 新出版各种社会科学书籍的书评。

二、来稿中的引文，作者应负责认真核对原著，尽可能用最新的版本，并请注明详细出处；文中及注解中所引用的书名、篇名、杂志、报纸，请用书名号（《》）标出。

三、注解请以整篇文章为单位统一编号，另纸附于稿后。

四、文章力求简练，最好一万字左右，并请在来稿上注明字数。

五、来稿请注明作者真实姓名、工作单位和通讯处，以便联系。

六、来稿一经发表，即酌予稿酬；不用之稿，一般均退回，但不提意见。

七、来稿请寄昆明护国路三十一号学术研究编辑室。

从上面的约稿信息中可以看出，分刊（即自然科学版与社会科学版分刊发行）之后编辑部更加注重学术规范，对来稿的引文、注释、注解以及刊物的字数都有了较为明确的要求，提高了稿件的质量和规范性。并且，刊物所刊登的学术论文更加重视"争鸣"，全力贯彻当时中央提出的"百花齐放，百家争鸣"的方针，为学者以该刊物为平台发表自己的见解，进行学术论辩创造了条件。从中可以看出，《学术研究》（云南版）对于学术研究的标准更加严格，其专业性质逐渐加强，刊物的质量也随之不断提高，这对推动云南学术研究发展的作用是不言而喻的，同时扩大了云南学术研究在全国的影响力。

（二）史学论文发表情况

《学术研究》（云南版）自1961年创刊至1965年停刊，共刊行42期，发表学术论文400多篇，其中社会科学类论文163篇，社会科学类论文中史学论文有87篇。我们以表格的形式详细而具体地呈现史学论文的发表情况（见表1）。

表1　云南《学术研究》史学论文撰稿人和发表论文情况统计表①

作者	籍贯	所在单位	毕业院校	发表论文数	论文（年·期）
李家瑞	云南剑川	云南省博物馆	北京大学	5	《南诏以来云南的天竺僧人》（1962·1）、《试论南诏的社会性质》（1962·3）、《南诏拓东城的地点究竟在哪里？》（1962·5）、《从李定国谈到吴三桂》（1962·9）、《读〈蛮书校注〉札记》（1963·7）
徐嘉瑞	云南邓川	昆明师范学院	昆明师范学院	3	《白族及大理古代文化的来源》（1963·3）、《楚辞声韵与湖北民谣》（1963·7）、《〈离骚〉的组织》（1963·11）
陈展云	云南个旧	云南省天文台	北京测候训练班	2	《论中国旧历行用年代悠久的原因和辛亥革命后改用阳历的必然性》（1963·1）、《试从天文名词释义方面争鸣——为传播科学知识和贯彻百家争鸣扫清道路》（1961·4）
杨堃	河北大名	云南大学	法国里昂大学	3	《关于民族和民族共同体的几个问题——兼与牙含章同志和方德昭同志商榷》（1964·1）、《关于摩尔根的原始社会史分期法的重新估价问题》（1964·3）、《试论原始社会史的分期法问题》（1964·4）

---

① 对《学术研究》史学论文作者群的统计与分析，很难做到准确无误，面面俱到，问题之一就是有部分作者使用笔名发表文章，例如刊中的"李述方"就是李埏先生为感谢方国瑜先生的指导而起的笔名，在统计表格的时候，已将考察出笔名和真实姓名的作者合并，但有些碍于多种原因未知的则并未进行合并。

续　表

作者	籍贯	所在单位	毕业院校	发表论文数	论文（年·期）
方国瑜	云南丽江	云南大学	北京大学	3	《试论汉晋时期"南中大姓"的政治活动》（1962·3）、《晚明时期云南反明斗争到反清运动》（1962·9）、《论中国历史发展的整体性》（1963·9）
江应樑	广西贺州	云南大学	中山大学	4	《清咸同年间云南各族人民大起义中的几个问题》（1961·2）、《李定国与少数民族》（1962·9）、《略论云南土司制度》（1963·5）、《〈李秀成自述〉是投降书》（1964·6）
郭影秋	江苏铜山	南京大学	江苏教育学院	1	《论李定国坚持西南抗清斗争的历史作用》（1962·7）
马曜	云南洱源	云南民族学院	上海光华大学	3	《从西双版纳看西周——为庆祝西双版纳傣族自治州建州十周年而作》（1963·1、3、5）
吴乾就	广东新会	昆明师范学院	清华研究院	4	《关于杜文秀的评价问题》（1961·1）、《从政治立场评价唐继尧》（1961·5）、《再论唐继尧的政治立场》（1962·3）、《论南明时期的"联明抗清"斗争》（1962·11）
岑家梧	广东澄迈	中山大学	中山大学	1	《关于民族形成问题的一些意见》（1964·4）

续 表

作者	籍贯	所在单位	毕业院校	发表论文数	论文（年·期）
李埏	云南石林	云南大学	西南联大	3	《汉宋间的云南冶金业》（1962·11）、《梅花·元宝和马——读〈武则天〉札记三则》（1962·5）、《龙崇拜的起源》（1963·9）
梁钊韬	广东顺德	中山大学	中山大学	1	《人类学、考古学、民族学与阶级斗争的关系》（1964·6）
侯方岳	四川广安	云南民族研究所		1	《纪念民族英雄李定国逝世三百周年》（1962·7）
缪鸾和	云南宣威	云南民族事务所	云南大学	3	《从西双版纳看西周——为庆祝西双版纳傣族自治州建州十周年而作》（1963·1、3、5）
牙含章	甘肃和政	中国科学院民族研究所		1	《致方德昭学术通信》（1963·11）
袁珂	四川新都		华西大学	1	《神话的起源及其与宗教的关系》（1964·5）
熊锡元	江西安义	云南大学	中国人民大学	1	《民族形成问题探讨》（1964·2）
浩帆	内蒙古	中央民族学院	中央马列学院	1	《关于"民族形成问题"的一些意见——并与杨堃先生商榷》（1964·3）

续 表

作者	籍贯	所在单位	毕业院校	发表论文数	论文（年·期）
刘尧汉	云南南华	中国科学院民族研究所	云南大学	1	《彝族的主要源流——唐代滇西乌蛮中的顺蛮、南诏、磨弥、罗苲及仲牟由》（1962·5）
方德昭	云南昆明	云南大学	中国人民大学	2	《关于民族和民族形成问题的一些意见》（1963·7）、《覆牙含章同志信》（1963·11）
方福仁	浙江东阳	浙江古籍出版社	英士大学	1	《〈流寇志〉与〈平寇志〉》（1963·3）
孙太初	云南鹤庆	昆明师范学院		2	《李定国联明抗清时期的几件文物》（1962·11）、《云南古代画象石刻内容考》（1963·5）
董孟雄	云南腾冲	云南大学	云南大学	1	《辛亥革命前帝国主义对云南的经济侵略》（1961·5）
杨毓才		云南民族研究所		1	《向牙含章、方德昭二同志请教（读者来信）》（1964·1）
杜国林	云南洱源	云南大学	中国人民大学	1	《关于解放前景颇族社会性质问题的探讨——与方岳、朱华同志商榷》（1961·4）

续 表

作者	籍贯	所在单位	毕业院校	发表论文数	论文（年·期）
宋恩常	辽宁鞍山	云南少数民族研究所	中国人民大学	3	《云南边疆山区民族的原始宗教》（1963·9）、《试论云南边疆山区民族的原始艺术》（1964·2）、《独龙族的家庭公社及其解体》（1964·4）
尤中	云南宣威	云南大学	云南大学	2	《"南诏社会性质"质疑》（1962·5）、《简论"土司制度"》（1964·5）
刘西芳	重庆	云南大学	云南大学	1	《李秀成是一个道地的革命叛徒——评〈李秀成自述〉》（1964·6）
颜思久	四川古蔺	云南民族研究所	云南大学	1	《布朗族的家族公社和农村公社》（1963·5）
蔡仲淑	海南琼山	中南民族学院	中山大学	1	《关于民族形成问题的一些意见》（1964·4）
吕光天	吉林长春	中国科学院民族研究所	中央民族学院	1	《论摩尔根的原始社会史分期——兼与杨堃先生商榷》（1964·6）
戴静华		云南民族学院		1	《两宋的行》（1963·9）
刘城淮	湖南桂阳	湖南教育学院	北京大学	1	《略谈龙的始作者和模特儿》（1964·3）

续　表

作者	籍贯	所在单位	毕业院校	发表论文数	论文（年·期）
吴显明	河南安阳	云南省文史办公室	云南大学	1	《关于大理政权的性质问题——与林荃、宁超同志商榷》（1961·6）
施正一	安徽枞阳	中央民族学院	中国人民大学	1	《论原始民族——并与方德昭同志商榷》（1964·1）
张煜荣	山东	葛洲坝水力发电子弟中学	云南大学	2	《清代前期云南矿业的兴盛与衰落》（1962·5）、《关于清代前期云南矿冶业的资本主义萌芽问题——兼与黎澍、尚钺两同志商榷》（1963·3）
宁超	山西临汾	云南历史研究所	云南大学	2	《大理政权是农民革命政权——与江应樑先生商榷》（1961·3）、《元明时期云南矿冶发展概况》（1962·1）
杨保隆	江苏	内蒙古历史研究所	北京政法学院	1	《也谈氏族和部落的关系问题——与杨堃先生商榷》（1964·6）
杜玉亭	山东茌平	中国科学院民族研究所	云南大学	3	《对〈彝族的主要源流〉的商榷》（1962·7）、《元代云南的土官制度》（1963·7）、《试论云南土司制度研究中的几个问题——兼见教于江应樑先生》（1964·1）

续表

作者	籍贯	所在单位	毕业院校	发表论文数	论文（年·期）
陈吕范	浙江宁波	云南省社科院东南亚研究所	云南大学	2	《帝国主义与云南矿业》（1962·3）、《关于个旧大锡的产量和出口量问题——1909年至1937年个旧锡业研究之一》（1962·7）
林荃	云南昆明	云南省历史研究所	云南大学	2	《大理政权是农民革命政权——与江应樑先生商榷》（1961·3）、《辛亥革命在云南的片段》（1961·6）
黄惠焜	四川成都	云南省历史研究所	云南大学	1	《古代傣族奴隶制及其上下限之探讨》（1964·1）
谢本书	四川邛崃	云南大学	云南大学	1	《记1941年边疆基诺人的起义》（1961·4）
邹启宇	四川成都	云南凤庆一中	云南大学	2	《帝国主义与云南矿业》（1962·3）、《关于个旧大锡的产量和出口量问题——1909年至1937年个旧锡业研究之一》（1962·7）
文传洋	四川万县	《学术研究》（云南）编辑部	云南大学	2	《从回民起义到大理政权》（1962·9）、《不能否定古代民族》（1964·5）
彭英明 徐杰舜	湖南永顺 湖南零陵	中南民族学院	中南民族学院	1	《如何区别中国历史上的民族与部落》（1964·6）

续 表

作者	籍贯	所在单位	毕业院校	发表论文数	论文（年·期）
董绍禹		云南民族学院		1	《说南诏出兵西川并非为了掠夺奴隶》（1963·1）
梁多俊		云南民族学院		1	《关于我国历史上的和亲问题》（1964·5）
张永国		贵州民族学院		1	《也谈土司制度研究中的几个问题——兼向杜玉亭同志请教》（1964·3）
黄宝璠		中央民族出版社		2	《傣族古代奴隶制初探》（1963·11）、《试论麓川政权及其社会性质——兼与郑镇峰、黄惠焜同志商榷》（1964·6）
林声				3	《从考古材料看古代云南和祖国各地的经济文化联系》（1961·6）、《南诏几个城址的考察》（1962·11）、《从考古材料看云南冶金业的早期历史》（1963·3）
方仁				1	《论现代民族——兼与杨堃先生商榷》（1964·4）
韩巍				1	《解放前傣族的农村公社及其与封建领主制的关系》（1963·9）
郑镇峰				1	《麓川的兴起及其社会性质试探》（1963·11）

续　表

作者	籍贯	所在单位	毕业院校	发表论文数	论文（年·期）
洲心				1	《解放前凉山的奴隶市场》（1963·1）
史进				1	《对"民族学"的质疑——向杨堃先生请教》（1964·2）
朱华				1	《解放前景颇族的社会经济形态》（1961·1）
王方				1	《驳斥帝国主义分子对白族古代史几个问题的篡窃》（1961·3）
谢伏琛				1	《〈流寇志〉与〈平寇志〉》（1963·3）
李青		印刷厂		1	《谈谈关于杜文秀的几件史料》（1961·5）
易问耕				2	《有关李定国史料札记二则》（1962·11）、《孙髯翁的生卒年代及其著述》（1964·2）
砚孙乘潮				1	《李贽离滇的年代及其在滇时期的一些活动》（1963·7）
庄乙志				1	《关于田四浪的真名及其它》（1963·7）

通过对上表史学论文作者群的统计与分析，可知参与到《学术研究》（云南版）投稿的学者众多，除了云南省内的专家学者之外，还有不少的省外专家学者。所以，我们将作者群又进行细分为以下几类：

（1）高校教师。这一群体中以云南大学教师居多，有杨堃、方国瑜、江应樑、李埏、熊锡元、方德昭、董孟雄、杜国林、尤中、刘西芳等，发表论文数量为 20 多篇,数量之多,位于高校论文发表数量的前列。其余有云南民族学院教师 4 人,昆明师院的教师 3 人,他们看似是在不同的学校任教,但与云南大学还是有着深厚的渊源。高校教师发表论文总数是 33 篇,占史学论文总量的 38%。

(2) 云南省各研究所研究员。这类学者人数为 13 人,如李家瑞时任云南省博物馆馆长,侯方岳时任云南民族研究所所长,缪鸾和供职于云南省民族事务委员会,易问耕、吴显明供职于云南文史研究馆,宋恩常、颜思久于云南少数民族研究所任职,宁超、林荃、黄惠焜于云南省历史研究所任职,文传洋供职于云南省哲学社会科学学会并担任《学术研究》(云南版)编辑。上述研究所的研究人员大多毕业于云南大学,如缪鸾和、宁超、林荃、黄惠焜、颜思久、吴显明等等。云南省各研究所研究员发表的学术论文 26 篇。

(3) 省外专家学者。这一类学者有 17 人,如郭影秋时任南京大学党委书记兼校长;梁钊韬时为中山大学人类学系研究生导师;牙含章、吕光天、刘尧汉、杜玉亭在中国科学院民族研究所从事学术研究工作;岑家梧、蔡仲淑在中南民族学院任教。这些学者任职于全国各地,但同时又与云南、云南大学有着千丝万缕的联系。郭影秋曾任云南省政府副主席的职务,后调任南京大学。梁钊韬、岑家梧则与江应樑有着深厚的同窗情谊。1962 年岑家梧带着几位教师来到云南考察少数民族,在后来,向《学术研究》(云南版)推荐了自己的学生彭英明和徐杰舜的文章。而梁钊韬在 1963 年冬天带领学生赴滇西少数民族地区进去社会历史调查,还参加了同年云南省历史研究会的成立典礼,所以在《学术研究》(云南版)中发表文章。这些学者大多数是我国著名的历史学家,在明清史、人类学、民族史等研究领域做出了重要贡献,在全国拥有较高的声誉。这类学者一共发文 19 篇。

(4) 其他。这类学者中,李青在当时是印刷厂的工人;张煜荣毕业于云南大学历史系,时为葛洲坝水力发电厂子弟中学的教师;彭英明、徐杰舜当时是中南民族学院在读大学生。可见,《学术研究》(云南版)对论文发表作者的身份不拘一格,扩大了学术研究在各个层面的影响力,也突破了作者专家学者的身份限制,使史学研究的参与面更广。

（三）云大学者介绍

如上文所述，《学术研究》（云南版）论文的作者群中，有相当一部分数量的学者来自云南大学，现对这一部分学者作详细的介绍。而对于云大学者的统计，不仅是统计任职于云大的，也将毕业于云大的学者进行介绍，充分展现了云南大学教书育人结出的硕果。在这一过程中，学者年龄层跨越"老、中、青"三代，按照年龄段进行分类，更好地展现学术活动中的"传帮带"作用。

（1）出生于1895—1920年之间的学者，这一代学者有：徐嘉瑞、方国瑜、杨堃、江应樑、马曜、李埏、侯方岳、缪鸾和、熊锡元等。这一代学者处于新旧社会转型之际，兼具扎实的国学基础和国外留学的经历。

徐嘉瑞，号梦麟，1895年生于云南大理邓川。1912年入省立师范学校，因家境贫寒而辍学。后靠自学苦读，终有大成。1936年起任云南大学讲师、教授兼中文系主任。这一时期，徐嘉瑞主要是对中国古代文学进行研究，尤其是对方言俗语、地方戏曲音调、音乐、舞蹈等方面进行整理、考证。1949年新中国成立后，成为一级教授，并担任省教育厅厅长、省文联主席、中国文联常委等职务。马曜曾评价："徐嘉瑞同志是'五四运动'以来在云南倡导新文学运动的代表、作家和诗人，又是最早研究和整理云南民族民间文学的先驱、文学史家和历史学家。"徐嘉瑞也是国内最早从事区域文化研究的学者之一。早在1949年就由云南大学出版了他的《大理古代文化史稿》一书，阐述了大理文化是中国区域文化中独具个性的文化。该书通过分析古代大理文化的历程和发展，指出大理文化和中原文化之间密切的关系。正是基于对大理文化的深入研究，在《学术研究》（云南版）中，他通过《白族及大理古代文化的来源》一文，将自己的研究所长呈现出来。从全国范围来看，徐嘉瑞在区域文化研究方面也具有开拓性的作用。

方国瑜，字瑞丞，1903年生于云南丽江，纳西族。方国瑜早年求学于北京师范大学和北京大学两所高校，跟从钱玄同、余嘉锡、马衡等国学大师治音韵、训诂、目录、校勘等学，又跟从陈垣、梁启超、杨树达等史学大家治史地之学，基于深厚扎实的学术根基，他把相关学术方法运用到云南地方史学的治学当中。方国瑜一生有两次学术转向，第一次是从古代音韵学研究转向民族言语研究，在南京中央研究院历史语言研究所向赵元任、李方桂两位语言学大师学习国际音标后，他根据自己整理考察、收集到的东巴文资料，将纳西族象形文字注音，编写《纳西象形文字谱》。同时在此期间纵览史语所和南京国学图书馆藏书，辑录云南地方史资料。章太炎先生为《纳西象形文字谱》作序。学术界认为，该书不仅是一本语言文字学的工具书，也是一部关于纳西族社会历史的学术专著。1936年，时值中英会勘滇缅界务，方氏一再呼吁当局重视该事务，后由李根源推荐，参与此次勘界事宜。并在此次勘界的过程中，了解到各民族不同的经济社会、风土人情和各种物质资源，写成《滇西边区考察记》等著作。从边地考察回昆明之后，1936年9月，方国瑜开始在云南大学任教，从20世纪30年代到80年代，方国瑜在云南大学执教47年，撰写了《云南史料目录概说》《中国西南历史地理考释》《彝族史稿》《汉晋民族史》《滇西丛论》等大量传世之作。在教学中，方氏言传身教，为国家培养了不少的人才。云南大学历史系以民族史的教学和科研显出特色，受到国内外的重视。今天国内不少有成就的西南民族史、民族学的中青年专家，就是方国瑜的学生。

在1963年第9期《学术研究》（云南版）中，方国瑜首次展示了他的史学观点《论中国历史发展的整体性》，其认为："中国历史应该是各族人民历史的总和，把汉族以外各族人民的历史，只作为中国历史的附录，甚至划在中国历史之外，是不符合历史实际的。"这一观点是方国瑜在研究中国民族史的漫长过程中逐步形成的。《论中国历史发展的整体性》一文的主题，就是要正确看待历史上的疆域问题，打破用王朝史代替中国史的传统观点，提出各族人民共同缔造祖国历史的观点，这也是方国瑜经过30多年对中国历史的研究而得出的切身体会。

晚年的方国瑜双目几近失明，但他并没有停下手中的工作，他开始主持《云南史料丛刊》的编纂工作，希望这套丛刊能"得此一部，众本成在"，所以要求"搜集资料，求其完备；校录原文，求其确实"。然而，其心愿没有如期实现，1983年12月23日，方国瑜突然病倒，次日清晨去世。

方国瑜是云南地方史和西南民族史、边疆史研究的开拓者和奠基者，被誉为"南中泰斗""滇史巨擘"，是云南学术史上的一代大师。

杨堃，字象乾，1901年生于河北大名。年轻时踊跃投身"五四运动"。1921年赴法国里昂大学求学，由法国著名汉学家古恒教授指导，攻读文科博士学位，于1928年完成博士论文《中国家族中的祖先崇拜》，后被推荐到巴黎民族学研究所进修，师从法国年鉴学派继承人莫斯教授。1930年，与中国第一个留法女博士张若名博士结婚，同年底，两人途经德国、苏联返回中国。1931年回到北平，先后任教于河北大学、北平大学、清华大学、燕京大学等。在此期间，撰写了《法国民族学的过去和现在》（《民族学研究集刊》1936年6月第10卷）、《葛兰言研究导论》（《社会科学季刊》1943年）、《灶神考》（《汉学》1944年第一辑），这些文章还是依据法国社会学派的理论和方法进行研究的成果。1948年5月，应云南大学熊庆来校长之邀，到云大社会学系任该系主任兼教授。新中国成立后，由于高校院系调整，转入历史系任云南民族史研究室主任。在此期间，他带着民族史专业的学生深入到民族地区做实地调查，学生的毕业论文都是调查的结果。并且，在国家和云南省组织的各种民族调查中，杨堃积极参与，先后到思茅（今普洱）、德宏州、楚雄州、大理州、红河州等多地进行调研，后来不少的成果都与这些调查经历相关，他在这些调查中获得了难得经历和大量第一手资料。这一时期，他力图批判继承资产阶级民族学的观点，自觉运用马克思主义观点和方法探讨民族学、民俗学与人类学的相关问题，发表论文10余篇，编写讲义3部。在"文化大革命"期间，杨堃身心受到摧残，但其未改变学术研究的志向。"文化大革命"结束后，杨堃迸发学术活力，先后发表了论文50余篇，提出一系列独到的学术见解，并主张建立中国的马克思主义民族学体系，为之做出了显著的贡献，是中国当代著名的民族学家、社会学家、民俗学家、人类学家、教育家。

马曜，字幼初，1911年生于云南洱源，白族。他出生在一个白族知识分子家庭，从小受到良好的教育。1931考入上海光华大学经济系，并在上海参加中国共产党外围组织互济会，同年加入中国共产党。多次参与爱国学生、工人运动，并鼓励和帮助青年人奔赴延安参加革命。1938年因病回云南治疗，担任教师工作。1939年入西南联合大学进修文史课程，师从陈寅恪、刘文典、魏建功等著名学者，学术上有了很大的精益。1947年，经云南大学文史系主任方国瑜推荐，熊庆来校长聘请马曜为云南大学文史系讲师，后马曜晋升为云南大学副教授。他从《庄子》《诗经》等经典文学作品中，选出若干篇，认真进行分析，讲解精辟，颇受同学们欢迎。在此期间与李埏、缪鸾和等同事来往交流，共同在文史系组成马克思主义小组，经常学习讨论，参加这个小组的还有云大教师李俊昌、徐文宣。所以，后来李埏在回忆自己如何走上马列主义的道路的时候说到自己的马列主义的启蒙老师就是马曜，是在他的指导和帮助之下，很好地学习了马克思主义。对马克思主义的学习，为马曜后来的研究奠定了扎实的理论基础。之后马曜的工作经过几次的变动，如受命组建云南民族事务委员会，任副秘书长；又调任省委边疆工作委员会政策研究室主任，边疆处处长；以及担任中缅勘界委员会办公室常务副主任等职。在"文化大革命"之中，他被下放到农村。1972年，马曜重新回到云南大学任教，先后担任云南大学历史系教授、《思想战线》主编，主持中共云南省委云南历史编写组工作。在他主持《思想战线》刊物期间，主张将该刊办成学术性刊物，突出民族地方特色，积极贯彻党的"双百"方针，活跃了学术气氛，将刊物办的有声有色，得到了学术界的好评。其办刊的特点，与《学术研究》（云南版）的所倡导的风格不谋而合，在某一方面可以说，是延续了《学术研究》（云南版）的办刊特色。到1978年底，调任云南民族学院（今云南民族大学）院长，为发展党的高等民族教育事业倾注了满腔热情和心血。在学术研究方面，通过田野调查掌握第一手资料，20世纪50年代马曜就与缪鸾和合作发表了长达10万字的论文《从西双版纳看西周——为庆祝西双版纳傣族自治州建州十周年而作》（后文简称《从西双版纳看西周》），后又在此基础上完成了《傣族封建领主制与周秦社会的比较研究》《西双版纳份地制与西周井田制比较研究》等长篇论文和专著。后来发表的关于庄蹻入滇和诸葛亮安定南中的两篇论文，引起了学术界的重视，并引发了讨论。马曜被称为"云南才子"，是云南很有代表性的一代世纪学人，为云南民族教育、民族调查及民族历史研究做出了重要贡献。

李埏，字子沂，号幼舟，1914年生于云南路南（今石林），彝族。1940年毕业于西南联合大学历史系。在西南联大求学期间，李埏早已立志治中国古代经济史，所以他不仅在学好历史课程之余大量选修经济学、古文字学、英语、日语等课程，还受到吴晗、钱穆、张荫麟诸位大师亲炙，沐浴教泽。在学生时代就撰写并发表了《北宋楮币起源考》《宋代四川交子兑界考》等一批重要论文，深得学术界好评，吴晗、张荫麟推荐其加入中国史学研究会，成为该会仅有的两名学生会员之一，他的学术研究基石即奠基于此时。1943年应云南大学历史系主任徐嘉瑞之邀，受聘为云南大学讲师，讲授"中国通史""宋史"等课程。新中国成立后，刻苦学习马克思主义，并将历史唯物主义原理用于研究土地制度、商品经济等历史问题。1956年，发表论文《论我国"封建的土地国有制"》，在学术界引起强烈反响，著名历史学家侯外庐先生高度评价，其对中国经济史研究的最大贡献是提出中国封建社会的土地所有制是"土地国有制"的观点。1960年春，李埏积极参与云南大学历史系组织师生数十人到四川大凉山去作彝族调查的活动中。李埏治学严谨，不轻信，不盲从，治史明义、通史致用是他治学的两大特点，他的学术研究涉及多个方面，包括古代国有土地制度、货币制度、商品经济，马克思主义农村公社理论等重大经济问题，尤以对中国土地制度史和中国商品经济史的研究最为深入。并始终将自己最新的研究成果及时贯穿到整个教学过程之中，教学内容新颖、丰富，启迪和培养了无数青年学子。1982年冬，李埏创建了全国第一个中国封建经济史研究室，并写下《我爱公孙树》一文，表达自己"爷爷栽树，孙子吃果"的愿望，以此激励后辈学人，在前人的研究之上，不断努力结出丰硕的果实。对于云南地方历史，李埏也有研究，他点校了清人倪蜕所著《滇云历年传》（云南大学出版社1992年版）。李埏是"成一家之言"的学者，在经济史学界享有盛誉，也促进了云南经济史的发展。他以云大为中心，长期在多方面、多层次进行学术探索。

江应樑，原籍广西贺县（今贺州），1909年生于云南昆明。1927年考入上海暨南大学预科，翌年升入本科。在上海，他开始撰写论文和发表学术论文，确立了终身从事教学工作和科学研究的志向。1936年考取中山大学研究生，先后受教于朱谦之和杨成志两位著名人类学家。在中大时候，他利用图书馆藏书丰富的优势，博览群书，为日后的研究奠定了基础。1937年，中山大学云南省地方合作，派遣江应樑到云南考察傣族情况。

1938年，他在这次田野调查的基础上完成《云南西部的"摆夷"研究》，这是他第一部专门系统论述云南西部傣族的处女作，受到国内外学术界的高度重视，并由此获得硕士学位。同时，他将在四川、云南、贵州、广西等地拍摄的照片进行展出，引发了广泛关注。1943年受陆崇仁之聘，任边疆行政设计委员会主任，写成《腾龙沿边开发方案》《思普沿边开发方案》。1948年再度回到云南，受聘为云南大学社会学系教授，开设文化人类学课程。在此期间，他仍以务实的学风深入到滇南地区进行考察，用翔实的调查资料和精湛的理论分析撰写了《滇南沙甸回族农村调查》。1953年，院系调整，社会学系被取消，他转入云大历史系任教，主讲"中国民族史""傣族史"及"彝族社会"等多门课程。1958年至1960年参加云南省少数民族社会历史调查团工作。他不仅收集整理了一大批文献和实地资料，而且为党和国家培养了大批优秀的民族干部，促进了少数民族地区经济和文化发展。1979年，参与创建云南大学西南边疆民族历史研究所，并任所长，尽心尽力为云大培养中国民族史硕士和博士研究生。在学术思想上，江应樑特别强调现实材料与文献材料相结合的方法。他认为，对民族历史的研究，只有将民族调查、考古材料、语言比较与历史文献有效地结合起来，才能让研究有更加广阔的空间。江应樑一生勤奋刻苦，平易近人，谦虚谨慎。他一直留心云南少数民族的文化教育事业和对云南文献史料的搜集整理工作，晚年还在为编写一部系统论述中国民族通史的著作奔忙。江应樑一生的研究都与云南有着密切的关系，尤其是对傣族的研究致力最多。他几度到德宏、西双版纳进行深入调查，了解当地实际生活状况，《傣族史》是江应樑民族史研究的代表作，内容凝结了其毕生研究精华，创见纷呈。他在《学术研究》（云南版）中发表的4篇文章，也都是与民族历史有关，以其研究见长。

吴乾就，字元洽，1912年生于广东新会的一个华侨家庭。1931年考入清华文学院史学系，1935年本科毕业后进入清华研究院史学部读研究生。跟随西南联大复学于昆明，以邵循正为导师，以《咸同间滇乱始末》为题获得历史学硕士学位，论文长达30万字，参考中外史籍达200余种，得到师长赞誉。后受聘于西南联大，同时兼任中法大学副教授、云南大学先修班讲师，在两校开设西洋通史课程。1945年秋，任联大师院史地系兼云大文史系讲师，讲授秦汉史。1946年在云南大学讲授"中国上古史""西洋上古史""西洋中古史"等课程。先后在《史语》《文史》《读书》等刊物上发表了《清初的圈地问题》《咸同滇变见闻录评正》《封建时代的君臣之礼和君臣关系》等史学论文20余篇。1949年晋升为教授。在云南和平解放后，任昆明师院院务委员、历史系主任，除此之外，还开设"中国古代史""近代史""中国历史籍要"等课程，自己编印教材。从20世纪40年代开始，吴乾就开始从事云南回族研究，收集史料，进行考证。20世纪50年代参加云南少数民族社会历史调查，又收集到一大批材料，弥补了文献的不足，最后写成《云南回族的历史和现状》，该书是其一生研究回族的心血结晶。20世纪60年代前期，吴乾就除了继续担任教学工作外，分别在《光明日报》和《学术研究》（云南版）等刊物上发表了《关于杜文秀的评价问题》《从政治立场评价唐继尧》《再论唐继尧的政治立场》《论南明时期的"联明抗清"斗争》等论文，引起了全国学术界的重视。在这一时期，他还担任了《学术研究》（云南版）的编委，当选为云南省哲学社会科学学会理事、云南历史学会副会长等职务。

熊锡元，1918年生于江西安义。1938年至1942年先后就读于复旦大学及云南大学政治系，从1960年起，开始在云南大学历史系中国民族史教研室工作，从事民族理论教学与研究，并长期为云大的本科生和硕士生及云南省社会科学院研究生讲授民族理论课程。他是我国著名的民族理论学家，其治学时一直以"学习、继承、开拓、创新"的标准严格要求自己。20世纪60年代初期，在得昂族寨子偶遇中，他萌发了研究民族心理现象的兴趣，开始进行深入探索。从这一时期开始，他便致力于民族理论学科建设，此后，发表论文50多篇，主要包括民族理论学、宗教学、苏联民族问题及民族文化学诸多方面，出版专著三部。熊锡元在学术思想上，全力投入民族心理和民族意识的研究，首次对"民族心理"和"民族意识"两个术语提出了独到见解，自成"一家之言"。他的学术著作专题论文集《民族心理与民族意识》作为云南大学民族研究丛书之一，由云南大学出版社出版。该书对我国民族理论学科的建设与发展做出了重大贡献，在国内学术界产生了广泛的影响，并远传海外，引起了美国学界的重视。对民族理论学科的建设、民族素质、民族定义、民族文化等方面的研究，也取得了显著成就，冲破了 20 世纪 60 年代对马克思主义机械式照搬的研究模式，为开拓我国民族理论研究的新局面做出一定的贡献。基于熊锡元等人以毕生精力对民族理论的努力探索，日后民族理论研究取得重大发展，后随着民族理论研究角度、方法的更新，我国民族问题的变化情况，民族理论学科得到迅速发展，日渐繁荣，这与熊锡元等人奠定的基础是分不开的。熊锡元虽身处云南边疆，但心怀天下，体现了中国知识分子高尚的情操，并以自己的实际行动为提高民族文化素质助力，不断向贫困学子伸出援助之手，使更多的学子得到帮助，在求学之路上走得更远。

缪鸾和，1916 年生于云南宣威，自幼受家庭熏陶，传承史学家风，孜孜好学。大学时就读于云南大学文史系，毕业后留校任教。大学时期在学者云集的昆明，得吴晗、钱穆、方国瑜、徐嘉瑞、向达、顾颉刚、楚图南、姜寅清等诸先生亲炙，学业大进，并决定以滇史研究作为毕生治史的努力方向。在青年时代问津《南中志》的校注工作，尤中同志评价："《南中志校注稿》一书，征引宏博，雠校精审。既纠正了传本中文字的讹脱舛误，又系统化了汉、晋时期西南少数民族史料。这就对西南少数民族的研究做了可贵的贡献。" 1963 年，马曜与缪鸾和合作，在云南《学术研究》（云南版）第一、三、五期上连续发表了长达 10 万字的著名论文《从西双版纳看西周》。这篇论文也是缪鸾和的学术代表作之一，其突出之处，在于方法的创新和材料的突破，它采用的是用现代民族学资料证古史的方法。也是这篇著作，使缪鸾和的学术生涯与边疆民族研究紧紧联系在一起。1978 年在长春举办"中国古史分期问题讨论会"中，不少古史专家得知他是《从西双版纳看西周》的作者，都到其下榻处访问交谈，可见其论文影响力之深远。"文化大革命"后，缪鸾和调回云南大学历史系民族史研究室工作，直至去世。缪鸾和一生治学严谨，善于学习与创新，一直为研究云南的历史与边疆民族而不懈努力。

（2）出生于 1920—1930 年之间的学者以尤中、刘尧汉、董孟雄、杜国林、刘西芳、颜思久为代表。这代学者既有中国传统史学的功底，又受到西方文化的影响，并且在接受高等教育的同时，也积极学习马克思主义唯物史观，对于马克思主义史学的了解较老一辈学者更多。

尤中，1927 年生于云南宣威，1954 年从云南大学历史系毕业后留校任教。尤中早年在著名中国民族史学家方国瑜指导下，刻苦钻研、勤奋学习、师从前人，又敢于超越前人，在广泛搜集历史资料的基础上拓展学术视野，进行比较研究，形成了自己的学术体系。自1956年起，尤中开始承担云南民族史的教学工作，编写了40多万字的《云南民族史》，被云南、四川等国内一些高等院校有关专业指定作为教材和主要参考书。在辛勤教学的同时，尤中一直关注中国西南民族史的研究。1957年就出版了自己民族史研究的处女作《南诏史话》，同年在《历史研究》发表《汉晋时期的西南夷》一文，它们成为尤中从事西南民族史研究的奠基之作，其文章也引起国内外学术界广泛关注，受到好评。尤中在教学和科研中取得较多的成果，是和他注重社会调查，参加社会实践分不开的。广泛深入的社会调查，使他对各少数民族状况有了深刻的了解，从而能正确理解各民族在历史上的发展变化，使学术研究的道路越走越宽。如在1962年，参加《中国历史地图集》的编绘工作时，为正确绘制云南的历史边界，他首先从考订文献资料入手，绘制草图，再深入到滇、桂交界地段，滇西德宏边境等地，以文献与实地对照的方式进行编绘。这次考察中，他对山川河流、边界状况、民族分布和国家归属认同、民族风俗、民间传说等进行调查，对了解地方历史状况有了更深刻的认识。其深耕西南民族史的研究之中，硕果累累，先后在《民族研究》《历史地理》《史学史研究》等刊物发文30多篇，约30万字，是云南大学文科科研成果最多的教授之一。

刘尧汉，1922年生于云南南华，彝族，1942年考入云南大学生物系，后考入由费孝通教授担任主任的社会学系，师从费孝通，潜心学习社会学。1947年毕业后留校任教。1945—1948年间，刘尧汉遵师嘱4次对云南省南华县马街乡沙坦郎村本家族的历史作了全面的调查了解，写出了《从奴隶制向封建制过渡的一个实例——云南哀牢山彝族沙村的社会经济结构在明清两代至解放前的发展过程》一文；1953年3月，刘尧汉调中央民族学院西南民族研究所工作前，肩负北京大学历史系主任翦伯赞的重托，为调查南诏历史并查证其王室族别，前往滇西巍山（南诏王故乡）走村串寨地作了大量实地调查，发表了《南诏统治者蒙氏家族属于彝族之新证》一文，澄清了涉及我国领土完整的重要史实。这两篇民族学研究中的重要学术成果，得到翦老、范老等老前辈的赞誉。这些研究成果在彝族研究方面具有开拓性,在后来的研究当中,刘尧汉不断追寻彝族历史的源流以及其文化代表的象征性等方面的研究,硕果频出,《文明中国的彝族十月历》《中国文明源头新探——道家与彝族虎宇宙观》《彝乡沙村社区研究》《彝族天文学史》及《彝族社会历史调查研究文集》等,已成传世之作;其主编的《彝族文化研究丛书》出版了40多部,在国内外学术界产生了广泛影响。刘尧汉开创了中华彝族文化学派,深受学界推崇。刘尧汉也是新中国第一个彝族教授,在1983年时代表中国社科院于云南楚雄州创建了楚雄彝族文化研究所并兼任所长。他带领彝族青年学子,从调查自己的家庭、家族、家乡入手:走出了一条实地调查与文物考证和彝汉文献相结合的路子;开拓出一些综合性、边缘性的研究领域;形成了一批有乡土气息、有影响的学术成果。而且他因材施教,毫无保留地把治学方法传授给年青一代,培育出一支年富力强的彝族研究队伍。他们的研究展现了彝族文化的丰富内涵和对中华民族文化的贡献,有助于民族文化研究的深入发掘和拓展,也有助于认识中华文化多元一体的源远流长。刘尧汉是彝族文化研究的拓荒人,是国内外知名的民族学家和历史学家,其研究成果使得彝族文化研究更加蓬勃灿烂。

董孟雄,1926年生于北京,祖籍云南腾冲。1948年毕业于云南大学经济系后留校任教。1951年奉派出国赴缅甸仰光南洋中学执教。在此期间,以"唯理唯实之风范与平等民主之精神",让海外侨生感悟到追求真理与进步的理念,在其感召之下,不少热血青年追随董孟雄归国,参与祖国的建设。也因有过海外的经历,其对于华侨方面的研究,亦加关注。1957年调任云南大学历史系后,他长期在系中任教。他以"绝空言,务实学"为座右铭,其大学毕业论文《两宋经济史纲》洋洋洒洒数十万字,"眼光深邃,取材精当,论证翔实",在学界得到高度评价。在20世纪50年代,他率先开辟出云南地方近代经济史研究领域,发掘档案文献,访贤求教,进行实地调查,多次带领学生参与个旧锡矿的调查,入丽江、德宏进行民族经济调查,到滇中多县市进行农村经济和商业情况调查,先后参与《东川铜矿史》《云南冶金史》的编审和定稿工作;参与《云南财政史》《云南历史货币》等论著的审定和论证,成为公认的熟悉近代云南地方经济史的专家。他对少数民族经济史的研究,丰富了他对中国社会经济结构的混合型与过渡性的认识，充实了中国近代经济史研究的总体范围和内容，引起了学界的广泛关注。同时还致力于填补中国少数民族经济、华侨经济和企业制度管理等薄弱或空白环节，其见解有助于深化中国近代社会经济性质的认识。董孟雄把"传道受业"作为自己的志趣之一，讲经济学理论，抽丝剥茧，条理明晰；讲历史事件，行云流水，生动再现。分析得当，史论相彰，又满怀爱国激情的课程教学，备受学生的赞誉。他在对待学生的学业方面要求严格，又循循善诱，使得学生如沐春风。除此之外，又像"人生导师"解答学生来自生活、家庭等各方面的困惑。其治学从教的40余年以来，在治史之中主张博采众长，为己所用；以史为鉴，古为今用。又以中国近代经济史为治学重点，深耕其中，论著颇丰，潜心治学，壮心不已。

杜国林，1927年生于云南大理洱源。1952年于云南大学法律系毕业，又继续入中国人民大学学习。1954年中国人民大学研究生毕业后，回到云南大学从事教学工作。在1956年至1961年的6年时间内参加了全国人民代表大会常务委员会和国务院民族事务委员会直接领导下的云南民族社会历史调查和简史编写、民族自治地方概况调查的工作。多年来的民族社会历史调查实践，为中国民族史的教学、教材建设和科学研究提供了良好的条件。在长期致力于中国民族史教学过程中，还结合教学的要求和需要，着手对民族历史部分课题开展研究。在云南大学历史系从事教学的过程中，先后给历史专业和民族史专业本科生、研究生授课。其在教学之余编写了《中国民族史》《民族工作手册》《宗教词典》等专著，还发表了《中国传说时代的民族和民族关系》《春秋战国时期的民族和民族关系》《云南民资关系的历史特点》《中国西南诸民族氏族公社的历史考察》《中国西南诸民族中氏族公社和农村公社的历史演变》等论著。

刘西芳，1928年3月生于重庆。1948年加入中国共产党。1957年9月至1961年9月，在云南大学读书，任历史系党总支委员、党支部书记。1957年至1961年，多次被评为云南大学优秀学生、先进个人。1961年10月至1978年10月，在云南大学担任历史系、政治课教研室、政治系任教师、政治辅导员、党总支委员，校落实政策办公室负责人。1978年后任云南大学历史系讲师、党总支副书记、书记、副系主任，学校党委纪律检查委员会书记。1983年后升云南大学副教授、校党委副书记、校纪律检查委员会书记。大学毕业以来，一直是党政工作和科研工作"双肩挑"，主要讲授"中国现代史""中共党史"。曾编写"中共党史"讲义并印发云南大学全校学生。在授课中，注重教学理论和教学方法的研究，在中共党史的教学中，尽力处理好史、论、实三者的密切关系，并就此写成论文，刊在《云南大学教学经验交流》中。作为云南省哲学社会科学学会会员，1964年在《学术研究》（云南版）上发表《李秀成是一个道地的革命叛徒——评〈李秀成自述〉》一文。1980年，主持了历史系1977级学生的课堂讨论，形成《云南大学历史系部分师生讨论北线战争失败的原因及其教训》一文，发表于同年第6期云南大学理论刊物《思想战线》上。因其工作能力突出，多次获得优秀个人荣誉称号。

颜思久，1929年生于四川古蔺，中国共产党党员。1959年毕业于云南大学历史系，毕业后分配到云南省民族研究所（1963年改为云南省历史研究所）工作。曾任云南社会科学院宗教研究所副所长，《云南省志·宗教志》主编。副研究员，云南省方志学会理事。多年来主要从事中国少数民族史志的研究。已出版专著有：《布朗族简史》（云南人民出版社1984年出版）、《布朗族的氏族公社和农村公社研究》（中国社会科学出版社1986年出版）、《傣族简史》（合著，云南人民出版社1986年出版）、《云南少数民族》（合著，日本放送出版协会1990年日文出版）。主编出版的著作有《宗教论稿》（云南人民出版社1986年出版）、《云南省宗教概况》（云南大学出版社1991年出版）、《云南省志·宗教志》。发表史志论文30余篇，其中方志论文主要有《怎样编写宗教志》（《省志求索》，云南大学出版社1992年出版）等。《云南省志·宗教志》一书较详细地记述了云南省佛教、道教、基督教、天主教、伊斯兰教和原始宗教的传播、发展和变化；纵横结合，以横为主，借鉴旧志，采用新观点、新方法和大量调查研究材料进行编纂。

（3）出生于1930—1945年之间的学者主要有：吴显明、张煜荣、宁超、杜玉亭、陈吕范、林荃、黄惠焜、谢本书、邹启宇、文传洋等。他们是在新的教育体制、教学内容培养下成长起来的，作为新生的力量开始学术工作，更能适应当时时代的需要。

吴显明，1932年3月出生于河南安阳，毕业于云南大学历史系。1949年2月参加革命工作，1953年4月入中国共产党。历任文工队班长、创作组副组长、文书、文化教员，文史办公室副主任、主任等职务。主要作品有《抗法中的刘承福》《访台儿庄》《远征印缅述略》《滇西抗战述略》等。

张煜荣，原籍山东，1932年4月出生在北京，1956年到1960年在云南大学历史系学习，1960年毕业后，先后在云南省东川市、河北张家口市和湖北宜昌市葛洲坝水力发电厂中学任教，后被评为高级教师，担任湖北省历史教学研究会理事、湖北宜昌市教育学会理事、宜昌市历史教学研究会会长、宜昌市教研室特约研究员。曾撰写论文《清代前期云南矿冶业的兴盛与衰落》和《关于清代前期云南矿冶业的资本主义萌芽问题》两篇，发表在《学术研究》（云南版）上，并且收入《云南矿冶史论文集》中。参加编写《云南冶金史》（合著，云南人民出版社出版）、《中学历史基础知识问答》（合著，河北人民出版社出版）、《中学历史名词汇释》（合著，河北教育出版社出版）等，成果颇丰。

宁超，1932年11月生于山西临汾。1954年考入云南大学历史系，1958年毕业。先后担任过云南省历史研究所学术秘书，东南亚研究所印度支那研究室主任、副所长。1984年任云南省地方志编纂委员会副主任委员、办公室主任，《云南省志》副总纂。曾任全国民族志指导组成员、中国地方志协会理事、云南省历史学会理事、云南地方志学会理事长。关于云南地方史和中缅、中泰、中越古代关系等方面的论著及论文主要有：《昆明史话》（合著，《云南地方志通讯》《昆明日报》分别于1986、1988年连载）、《桂家、岷家的形式与乾隆中期中缅之战》（《研究集刊》1981年第3期）、《关于泰族"南迁"的几个具体问题》（共4篇，载于1978年《研究集刊》和《思想战线》等）、《越南华侨历史概述》（《研究集刊》1979年第2期）、《"金三角"与现代鸦片战争》（《亚洲探索》1982年第5期）、《金三角的鸦片贸易与民族问题》（《亚洲探索》1982年第6期）等。从事地方志工作以来，主要负责主持云南省地方志工作的组织宣传、业务指导和省级志稿的审订与验收。主要编著作品有：《云南年鉴》1986年卷、1987年卷（主编，《云南年鉴》杂志社出版）；《云南年鉴》1988

年卷、1989年卷（主编，《云南年鉴》杂志社出版）等。在长期从事地方志研究中，形成了自己的学术观点，其认为，自宋元以后，我国的地方志已完全摆脱了地理书之特征，成为一种内容庞杂、体例独特的文献。清中叶的章学诚，晚清民初的梁启超、黎锦熙等人曾就地方志的内容和体例发表了不少文章。20世纪80年代初以来，有关方志内涵、体例、功能、属性等问题的论著为数相当可观。长期讨论的中心议题其实可以概括为一个，即地方志如何科学地论述一定时代的文化，并对现实发生反作用，并使地方志保持自身的生命力。这中间有不少难题尚等待人们探索。对地方志的研究早已成为一个单独学科，这就是方志学。

杜玉亭，1934年2月8日生于山东茌平。1954年考入云南大学历史系，1958年毕业于云南大学历史系民族史专业，分配在中国社会科学院民族研究所工作，1966年5月至1967年2月，作为中国科学院学术考察组成员在坦桑尼亚考察，1975年调云南大学《思想战线》编辑部任编辑，1977年调到云南省历史研究所，1986年9月专任云南社科院民族学研究所研究员。几十年来主要从事彝族、基诺族、蒙古族等民族的社会历史和元代云南史研究。1958年首次对族籍不明的基诺人进行识别，至1977年代表调查组写出《基诺人民族识别报告》并上报，1979年国家据此确认基诺族为我国的一个单一的少数民族。其对基诺族进行了30多年的跟踪调查，通过多年调研写成的《基诺族简史》，使一个无文字的民族有了自己的成文史。杜玉亭也是研究基诺族的首席专家。其历史研究是结合西南地方民族特点进行的。其在《忽必烈平大理国是否引起泰族大量南迁》（《历史研究》1978年第9期）一文提出的观点，与国际上流行的传统观点迥异，引起了国内外学术界的重视。他在江应樑研究的基础上，更详尽地论述了忽必烈平大理并未引起任何民族南迁，运用历史文献资料和考古材料证明泰族是泰国的土著民族。四川大学徐中舒教授对此文评价是："主题明确，论证精辟，肃清了西方资产阶级学者的谎言，对中泰友谊作出了友谊贡献。"在多年的史学研究中提出一个新观点：原始社会、奴隶社会、封建社会、资本主义社会、社会主义社会等五种形态是一种宏观发展的规律性，而具体的发展则表现为一种微观的异变性，所以在任何民族中都找不到一个按五种形态依次充分发展的实例。其所著《探索历史法则的足迹》

（云南人民出版社1986年版）一书，收录论文18篇，特点是以研究微观史实为依据，探索历史发展的宏观规律。此后，还编著有《云南多民族特色的社会主义现代化问题研究》（主编，此书为国家社科"六五"延至"七五"期间的重点项目的阶段性成果之一，云南人民出版社1986年版）、《传统与发展》（主编，上述重点项目的阶段性成果之二，中国社会科学出版社1990年版）。他在《传统与发展》一书中构建了"云南多民族特色社会主义现代化"的理论框架，着重阐述了这样一个观点：现代发展应与传统文化相互调适。杜玉亭也是20世纪云南第四代学者的代表性人物之一，在历史学、民族学、发展社会学等领域都有重要学术贡献。

陈吕范，1934年生于浙江宁波，1958年毕业于云南大学历史系，曾任历史系助教，后调至云南省社科院东南亚研究所。在1958年时，在史学革命开展的背景下参加了云南大学历史系组织的工矿史调查，赴东川、个旧支援生产，在与工人同吃同住同劳动之中，与工农群众建立了深厚感情，树立了劳动观点，丰富了专业知识，培养了独立工作能力，广泛收集资料，编写了厂史厂志等材料，并写成了一系列的相关文章。陈吕范在研究泰族起源成就卓著，其代表作是《泰族起源问题研究》（国际文化出版公司1990年版，中英文对照本）。他依据大量翔实的史料，考古发现和历史文物，结合多次实地考察所获得资料，从历史、民族、语言、文字、宗教、民俗多角度出发，用难以置辩的逻辑，证明了泰族起源于云南南部和中印半岛北部峡谷平原地带，南诏不是泰族建立的政权，从而使在国际泰傣史学界一度形成的"汉族压迫泰族南迁说"和"南诏泰族王国说"不能成立。还支持编写了《当代东南亚》丛书，系统介绍了东南亚各国的历史、政治、经济、文化等状况，为我国与东南亚各国的经贸往来发挥了积极作用，并以其规模效应扩大了云南在东南亚研究学界的影响。

林荃，1935年生于云南昆明，中国共产党党员，1955年入云南大学历史系历史专业学习，1959年毕业，毕业后在云南省历史研究所从事云南地方史研究工作，后调云南省博物馆工作。多年来，从事云南地方史、民族史、文物考古研究及博物馆学研究、博物馆学教学工作。在云南地方史方面，三十多年来一直从事杜文秀起义研究，对杜文秀起义作了全面系统的研究，发表了一系列论文，特别是在对否定杜文秀起义所谓"卖国说"的讨论中，将历史与文物相结合研究这一问题，有力地否定了这一说法，在史学界有一定影响，在这一专题的研究上形成了一家之言，是云南近代史上这一有重要影响的史学课题，在与全国学者的共同研究中，取得重大进展。云南地方革命史研究方面，着重研究了红军长征过云南的历史，在全面进行调查研究的基础上，主编出版了《红军长征过云南》一书。在民族学研究方面，将民族史与文物相结合研究了云南土司制度，研究了民族文物。在民族学的新探索中，着重研究"建筑民族学"这一在当时较新领域的课题，力求在"建筑民族学"的理论与实际研究中，用民族学的理论阐述民族建筑这一载体的内证，使"建筑民族学"这一新课题成为民族学中一个有新意的分支。在文物考古研究方面，主要从事云南近现代历史文物的研究与鉴定工作，同时研究南诏历史文化，从考古学的角度着重研究了南诏国各古城址。在博物馆学研究方面，主要从事将博物馆学的理论结合中国博物馆事业发展及博物馆工作实际进行的研究，在博物馆学的一些重要问题的研究中，发表了一些论文。其在实际的工作中，对博物馆学有了比较深刻的认识。

黄惠焜，1935年生于四川成都，1958年毕业于云南大学历史系历史专业，毕业后留校任教，后调云南省民族历史研究所，专职从事少数民族社会历史研究工作。先后在云南省历史研究所、云南省东南亚研究所、云南大学《思想战线》编辑部、云南民族学院任职任教。讲授"民族学概论""云南各族古代文化""云南民族史""傣族史""历史论文写作"等课程。1986年赴日本与日本著名民族学者白鸟芳郎、梅棹忠夫、佐佐木高明等进行学术交流，并在东京大学做《云南少数民族及其文化》等专题学术报告；赴泰国参加国际学术会议，做专题报告；赴泰国朱拉隆功大学，做《泰人发源地》等专题学术报告。多年致力于民族史、民族学及民族文化和民俗学的研究。主要著作有《傣族简史》《云南简史》等，论文有《佛教中唐人入滇考》《哀牢夷的族属及其与南诏的渊源》等40余篇，在国内外学术界有一定影响。

谢本书，1936年生于四川邛崃，1954年考入云南大学历史系，1959年毕业后留校任教。1978年任云南大学历史系副主任、副教授。1984年调至云南省社科院历史研究所，曾任所长、研究员。1994年，调入云南民族学院历史系，任教授、系主任。在其青年时代，因勤奋聪明而被著名历史学家、思想家黎澍赏识，将其借调到北京参加自己主持的项目工作。在京期间，参加教育部高校教材《历史科学概论》编写，担任《历史研究》的编辑等工作，值此机会进入中国史学中心，与许多著名史学家共事，受到他们的指教和熏陶，这为他后来在历史研究中取得突出的成就奠定了良好的基础。特别是黎澍对他的关心，使他终身受益。其治史经验可以总结为"严、钻、实"："严"是从严要求自己，"钻"是刻苦钻研，"实"是踏实工作和出成果。由于秉承这样的"三字经"，谢本书论著迭出，成就斐然。一方面是军阀史研究的权威，其从 20 世纪 70 年代开始军阀史研究，此后一直在这个领域中辛勤耕耘，取得丰硕成果。并提出了"西南军阀"的概念，与北洋军阀相区分，深入研究西南军阀的内涵、外延、具体特征以及其产生、发展、演变和衰亡的过程。谢本书的众多著作，包括《西南军阀史》第一卷（主编之一，贵州人民出版社 1991 年版），《西南十军阀》（主编，上海人民出版社 1993 年版）等论著，为西南军阀研究起了开拓和奠基作用。另一方面其研究的重点在于对近现代人物的研究，对历史人物的评价，从理论到实践，他都有深入探索。例如对云南近现代历史人物蔡锷、唐继尧等在护国运动中起了关键作用，并影响到中国历史进程的人物，他都展开了探索。通过对这些人物的研究，深化了人们对历史人物的认识，并从一个侧面反映了当时西南地区的社会政治状况和历史面貌。由此，他对云南的近现代地方史关照最多，并出版了《护国运动史》（贵州人民出版社 1984 年版），这是新中国成立后第一部全面研究护国运动的专著。从谢本书的研究成果看，其史学思想一个突出的特点就是注重历史研究与社会现实之间的关系，所以他的论著与时俱进，具有鲜明的时代特征。

邹启宇，1937 年生于四川成都，1954 年考入云南大学历史系，1958 年毕业，根据学校的分配，1958 年 9 月至云南省临沧专区，再分配至耿马县任钢铁铜指挥部秘书，经历基层"大炼钢铁"运动。1963 年 11 月调入云南省民族研究所东南亚组从事研究工作，其间，曾长期借调至中共中央对外联络部所属机构从事国际经济的调研工作。1973 年至 1975 年，插队结束后，调回昆明任云南民族学院教员，从事云南地方史编纂工作，后根据外交部要求，为准备中国和泰国建交提供背景资料和研究报告。1975年11月至1979年1月，任云南大学历史研究所东南亚研究所人员，副主任。1981年调任至云南省历史研究所东南亚研究室，任副主任。1983年，任中共云南省委宣传部副部长，省委对外宣传小组副组长。1990年调任至广东，任中共广东省委宣传部副部长，省委对外宣传小组副组长。1991年11月兼任中山大学东南亚研究所顾问、暨南大学东南亚研究所顾问、汕头大学教授。1993年1月应泰国朱拉隆功大学亚洲研究所邀请，去曼谷出席东南亚经济讨论会，并发表演说。其学术与工作息息相关，由于长期以来从事东南亚地区的研究工作，积淀深厚，出版了《南洋问珠录》（主编，云南人民出版社1986年版）、《云南佛教艺术》（主编，云南教育出版社1991年版，在中国香港、泰国、日本、美国等地发行），其中论文有被泰国等地翻译转载，声名远播。

文传洋，1939年生于重庆万州，1959年大学毕业。曾任云南民族学院政治经济学教授，马列教研部主任，兼任《云南省志》副总纂，云南省哲学社会科学研究所研究人员、云南省哲学社会科学学会主办《学术研究》杂志编辑。主要论著、论文有：《从回民起义到大理政权》《不能否定古代民族》《按劳分配与资产阶级法权的关系问题》《马克思恩格斯的著作中到底有没有集体所有制的概念或思想》等。

通过以上对在《学术研究》（云南版）中发表史学论文的相关云南大学的学者进行的简要介绍，可以发现，他们的研究成果基本反映了当时云南史学研究的水平和全貌。并且通过对各个年龄段学者的分析，也可以发现，云南史学研究的关注点是不断深化的，很多学者在年轻时关注的研究热点，伴随其一生，在其一生的研究中不断深化对研究的认识，很多学者在《学术研究》（云南版）发表的论文，成为其学术生涯的开端，对其研究生涯有着特殊的意义。尤其是在经历"文化大革命"等一系列政治运动之后，中、青两代的学者对马克思主义唯物史观有了更为清醒和深刻的理解认识，在改革开放之后，在完善和发展云南史学研究的学术规范上发挥了中流砥柱的作用，成为新时期云南史学的杰出代表。

三、戛然而止与再造新声

《学术研究》（云南版）在学术界的影响力越来越大，也愈加得到学界的重视，无论是稿件的来源，还是发行规范都有了很大的提高，刊物的设计和编排也更加规范、合理。但 1964 年 12 月第 6 期却突然刊登了一则停刊启事："本刊决定从 1965 年 1 月份起停刊，除通知邮局停止征订外，特此敬告读者。"署名还是云南学术研究编辑委员会，落款时间是在 1964 年 11 月 15 日。简短的几句话，对停刊原因并没有详细说明。此后的一段时间里，似乎以《学术研究》（云南版）为论辩的平台的学术浪潮戛然而止。

其停刊有着特殊的时代背景，首先是"农村社会主义教育运动"的开展。根据《方国瑜传》的记载："但由于 1964 年下半年，各学校和科研单位先后组织人员下乡，参加'农村社会主义教育运动'，云南省史学会在昆的会员所剩无几，所以预定要召开的年会也就无法举行，专题讨论也未进行。""农村社会主义教育运动"的开展，导致了云南省史学会的正常工作难以开展下去，各学者们的研究也因为各项"运动"的开展而受到阻碍。

此时的大学教育盛行"以阶级斗争为纲"，文科学生要参加"四清运动"，在 1964 年的 12 月，云南大学的文科师生全部被派到大理去参加"四清运动"。当时的亲历者林超民教授回忆："在运动期间不能学外语，不能读古文，不能看专业书籍，更不能看小说，必须全身心地投入'四清运动'，在运动中自觉接受'社会主义教育'。生活上则严令不准吃鸡鸭鱼肉蛋，要与农民同吃、同住、同劳动。直到 1965 年 8 月底我们才回到学校。"[①] 由于当时《学术研究》（云南版）的作者绝大部分是云南各大学的专家学者，"农村社会主义教育运动"和"四清运动"使得该刊物失去了

---

① 林超民：《春节忆教改》，载《林超民文集》（第三卷），云南人民出版社 2010 年版，第 124 页。

稳定的作者群，无法保证稿件的来源。

1966年夏，云南进入"文化大革命"的动乱年代之中。在此期间，云南省社会科学事业遭到了严重的破坏，许多在学术上有成就的专家学者，被当作"资产阶级反动学术权威"批斗，而《学术研究》（云南版）所在的云南省哲学社会科学学会被当作"烂、杂、修"的"黑窝"，学会正常工作无法开展，其机构被撤销，人员受到迫害，图书资料也遭到了盗窃，使得科研工作完全瘫痪，在这种情况之下刊物停办也就不可避免。

在十一届三中全会后，为了适应社会科学事业发展要求，中共云南省委于1980年1月下达文件，决定成立云南省社会科学院，恢复云南省社会科学学会联合会，实行两块牌子、一套人员的管理办法，开展工作。此后，根据原来《学术研究》（云南版）所建立的基础，在社科联恢复后，其于1987年主办了《云南社科通讯》双月内刊，共出刊17期，该刊在1991年改为《云南学术探索》双月内刊，共出刊18期。1993年7月，报国家新闻出版署批准，《云南学术探索》从1994年第1期开始，公开出版发行。《云南学术探索》延续了《学术研究》（云南版）办刊的定位，是集文史哲三大领域于一身，融古今中外为一炉的综合性理论刊物，"是云南社会科学界学术团体活动的园地，是展示当代云南学术成果的一个窗口，是培养社会科学人才的摇篮和省内外文化交流的桥梁"。[①] 其办刊宗旨突出了云南学术研究的特色性，主张"加强对云南边疆少数民族地区政治、经济、历史、文化、宗教、民俗的研究，加强东南亚和南亚研究，加强对云南地方史和地方文学的研究，加强对国有企业与社会主义市场经济的研究，加强对农村脱贫致富的研究，使刊物真正成为专家学者乃至实际工作者发表研究成果的园地"[②]。随着《云南学术探索》刊发了一批有云南特点、有学术性、探索性的理论文章，获得了较好的社会反响，其影响力不断扩大，在1998年时改名为《学术探索》。由《云南学术探索》到《学术探索》意在扩大学术交流的范围，让更多的人参与到讨论当中，淡化学

[①] 《云南省社科联召开〈学术探索〉恢复公开发行座谈会》，《学术探索》1994年第2期。

[②] 《云南省社科联召开〈学术探索〉恢复公开发行座谈会》，《学术探索》1994年第2期。

术的地域性。既然以"学术探索"为名,就意味着不是墨守成规,人云亦云;也不能无的放矢,作泛泛之谈,而是倡导以坚定的理论勇气和科学研究精神,进行大胆的开拓和创新。创新才是学术研究鲜活的生命力。

四、回应时代变革：对史学理论热点问题的关注

云南史学界人才辈出的蓬勃发展与多年来的史学研究积淀对《学术研究》（云南版）的创办起到了十分关键的作用，而《学术研究》（云南版）的产生对于云南史学界也有着非常积极的意义，很多当时的热点问题在《学术研究》（云南版）中得到回答与呼应。

（一）马克思主义史学的确立

新中国成立后，中国史学界出现第二次急剧变革——马克思主义史学开始在全国占绝对统治地位。中华人民共和国的成立，一方面使大部分知识分子对新政权抱有极大的热情与希望，他们义无反顾地投身到社会主义建设中；另一方面，刚建立的新政权与资产阶级学术决裂，对旧有文化教育制度进行改革，更为重要的是在知识分子中开展思想改造运动。与20世纪上半叶的梁启超等人倡导的史学革命相比，这一次的史学变革对云南史学界产生了极大的影响。云南的史学工作者在这一形势下，开始系统学习马克思主义史学，并以之作为进行学术研究的唯一指导思想。当时的云南史学界，对唯物史观并不熟悉。云南大学著名历史学家李埏曾回忆道："解放以前，我对于历史唯物主义毫无所知。那时常以不明历史发展之所以然而苦恼。解放以后，我开始学习马克思列宁主义。这真是指路明灯，一接触就令人欲罢不能。50年代初那几年，我把过去所读的古籍全收起来，尽读马列之书及许多较早用马克思主义观点进行研究的中外史学家的著作。"[①] 而马曜也对这段经历回忆："刚进校经常过从的有李埏、缪鸾和等位，我约他们组织马克思主义学习小组，参加的有李俊昌、徐文宣等

[①] 李埏：《中国封建经济史论集·序言》，载《不自小斋文存》，云南人民出版社2001年版，第747—748页。

人，还利用讲课向学生进行宣传。"①

经过一段时间的学习，云南的史学工作者开始以马克思主义史观为指导进行史学研究，取得了一定的成绩，一套新的史学体系逐渐在云南建立起来，而这一套新体系就是马克思主义史学体系。

《学术研究》（云南版）作为云南史学界传播马克思主义史学的主要阵地之一，为云南史学工作者的文章发表提供了一个重要的平台，使得史学类论文占社科类学术论文的一半以上，为在云南系统化构建马克思主义史学，夯实了基础。

按照当时的研究范式，在1949年后至1979年前的这段时间当中，"五朵金花"问题是史学界特别关注的基本命题。（所谓"五朵金花"，指的是当时史学界展开争鸣围绕的五大基本理论问题，这五个基本理论问题分别指中国古代史分期问题、中国封建土地所有制问题、中国封建农民战争问题、中国资本主义萌芽问题、汉民族形成问题）1961年，《学术研究》（云南版）发行后，立即参与到"五朵金花"研究的讨论之中，并结合本省实际情况突出本省史学研究的特点，成为这一时期云南史学研究的风向标。通过对《学术研究》（云南版）上发表的史学论文的考察，我们发现诸如对杜文秀起义、李定国起义以及其他少数民族的农民起义的研究系农民起义研究的一个重要方面；少数民族社会性质以及南诏国社会性质研究参与了全国古史分期问题研究的讨论，为古史分期研究提供了新的研究方法和视角；对汉民族形成问题的讨论则使云南学界成为20世纪60年代全国汉民族形成问题研究的中心；对云南冶金史等云南经济史的研究为我国资本主义萌芽研究起到了补充作用。此外，李埏对封建土地所有制问题的研究，提出了重要见解。由此我们可以看出，这批史学论文事实上是当时全国范围内史学研究基本命题——"五朵金花"研究在云南的突出表现，也是云南史学界积极学习马克思主义史学成果的表现。云南民族史、云南地方史研究也逐渐步入正轨，尤其在20世纪50、60年代的民族大调查的推动下，取得了丰硕的成果。

---

① 马曜：《我与云大二三事》，载《马曜文集》（第六卷），云南人民出版社2008年版，第290页。

以马克思主义史学观中重要内容之一的古代分期为例，中国的社会性质研究是20世纪中国古史分期论辩的重要内容，对它的研究直接关系到中国是否经历过马克思提出的人类社会必须要经历的五阶段，即原始社会、奴隶社会、封建社会、资本主义社会、社会主义社会（包括共产主义社会）。20世纪20、30年代以来，史学界就社会性质问题展开了热烈的讨论，取得了一定成绩。新中国成立后，随着马克思主义在意识形态领域的胜利，马克思主义史学在学术界的主导地位也随之确立，中国大陆史学界开始在中国漫长的五千多年的历史上"寻证"马克思主张的"五阶段论"。其中对中国是否存在奴隶社会，以及奴隶社会与封建社会的分期讨论尤为热烈，《学术研究》（云南版）成为学术讨论的重要平台。

另外，在云南史学界的研究人员当中，已经形成老中青三代马克思主义史学观的研究队伍。以上提及的学者，是云南史学界老中青三代学者对马克思主义史学的运用水平的代表。尽管《学术研究》（云南版）所刊登的史学论文并不完全是在马克思主义唯物史观指导下完成的研究成果，但这批成果在马克思主义史观指导下完成的占了大多数，表明三代学者都已经可以较为熟练地运用马克思主义唯物史观进行史学研究，并在诸多研究领域提出创造性的观点，这标志着云南马克思主义史学的初步建立。

（二）争鸣与对话中，对民族问题的深入研究

在《学术研究》（云南版）所刊登的史学论文中，有不少是关注当时的史学热点问题，1958年"史学革命"成为史学论战的导火索，从1959年初至1966年"文革"爆发为止，史观派内部的观点对立一直未有停歇，争论主要围绕"关于打破王朝体系问题论战""农民政权性质问题论战""历史主义与阶级观点关系问题论战""民族关系问题论战""历史人物评价问题论战""李秀成评价问题论战"等在史学界或同时或前后相继进行的争论，所以，《学术研究》（云南版）发表的史学论文，在一定程度上也是对以上问题的回应，展现了云南史学界对于这些问题的见解。

1. 民族理论与民族史研究

中国是一个多民族国家，而生活在云南的少数民族种类又是最多的，

在云南研究各个民族拥有得天独厚的优势与条件。伴随着史学界对于"五朵金花"的争论,依据马克思主义史学观对于少数民族的研究在这一时期也逐步开展。

近十年来,史学界对于总结回顾20世纪史学发展非常重视,涌现了一批重要的学术成果。翻阅这些著作,我们发现这些成果大多只关注到国内的一些史学大家对古史分期问题的主张及贡献,对云南史学界和民族学界围绕边疆少数民族社会的社会性质展开的学术讨论以及这些成果参与中国古史分期问题的讨论所取得的重要成就关注不够。一些研究成果表明,新中国成立后,对古史分期问题讨论的高潮出现在1955年至1957年上半年,在云南学术界,对中国古史分期问题研究的参与和讨论的高潮恰恰是出现在20世纪50年代末至60年代初的几年时间,而这一讨论正是以《学术研究》(云南版)为平台而进行的。这些对少数民族地区社会性质研究的成果,在全国一枝独秀,引起了广泛关注。

20世纪50—60年代,全国人民代表大会民族事务委员会办公室、中国科学院民族研究所云南民族调查组、云南民族研究所组织中央省、地、县有关部门的干部、民族研究工作者、高等院校师生以及各界民主人士,有计划地陆续进行大规模的民族社会历史状况调查,参加调查的工作人员先后有几百人,形成了一大批调查成果。少数民族社会调查的目的,《社会性质调查参考提纲》中很明确地表示:"各民族社会历史调查工作的任务是在4年到7年内基本弄清楚各主要少数民族的社会经济结构和阶级情况,这不仅为民族工作所必须,也可提供研究各民族历史和人类原始公社以来的古代史以丰富的史料,即是主要关于原始公社的、奴隶社会的、封建社会初期的和上述各种社会间的过渡的具体资料;并尽可能收集社会历史发展的资料和深入了解各民族的风俗习惯,从而对各民族历史作系统的研究。"[①] 20世纪60年代初期在云南史学界的少数民族社会性质讨论,以及原始社会史分期讨论,大都建立在这些调查研究成果的基础之上。

---

① 全国人民代表大会民族委员会编:《社会性质调查参考提纲》,1956年编印,转引自凌纯声、林耀华等《20世纪中国人类学民族学研究方法与方法论》,民族出版社2003年版,第309页。

(1) 少数民族社会性质研究

第一，景颇、布朗、独龙等族的社会性质研究。1961年《学术研究》（云南版）创刊号刊登了署名方岳（时任云南民族研究所所长侯方岳）、朱华的《解放前景颇族的社会经济形态》一文，该文根据民族调查资料对新中国成立前景颇族生产力水平、生产关系、社会发展特点进行了分析探讨，认为景颇族借助民族之间的分工和交换完成了第二次社会大分工，大大提高了生产力，随着生产力的提高，原来的村社所有制已经向私有制过渡。同时，山官通过雇工、租佃和高利贷对景颇族人民进行盘剥，在村公社瓦解之时，存在着蓄奴现象，表明这一时期的社会已然进入奴隶社会。基于以上论证，侯方岳、朱华在文中提出："解放前景颇族所处的社会历史发展阶段，即从早期奴隶制瓦解向封建社会过渡。"对侯方岳、朱华得出的结论，杜国林提出了不同的意见，其文章《关于解放前景颇族社会性质问题的探讨——与方岳、朱华同志商榷》认为景颇族当时的生产力并没有达到第二次社会大分工后的水平，从生产关系来看，景颇族土地被完整地保留在村公社辖区内，山官只有分配、调整和保管的权利，山官只是"代表共同体的个人"，而不是封建地主。因此，不能把山官对土地的支配权与封建领主的土地所有制等同。对于景颇族的奴隶制问题，杜国林指出，蓄奴现象只存在于一些大山官，从总体来看，奴隶制在景颇族社会并没有发展起来，新中国成立前景颇族的社会性质是从原始的农村公社向封建地主经济过渡。1963年《学术研究》（云南版）刊登了颜思久的《布朗族的家族公社和农村公社》一文，对布朗族的人口分布、生产力水平、生产关系、社会组织和政治制度进行了分析介绍，认为新中国成立前西双版纳的布朗族社会是既处在傣族领主统治之下，又相对独立地沿着从家族公社到农村公社然后开始进入阶级社会的路线发展。1964年，宋恩常通过对独龙族社会的生产力水平、生产关系以及政权的组织形式的分析，认为独龙族社会还停留在家庭公社的解体阶段，既存在原始集体所有制也存在私有制。以上对云南各个少数民族的讨论，关注到了史学界的热点问题，并根据调查资料等相关信息得出结论，学者之间亦有讨论，使得研究更加深入开展，对于追溯少数民族的历史也有深刻含义。

第二，南诏国社会性质研究。对历史上云南出现的少数民族政权——南诏，云南的史学工作者们予以高度的重视。在《学术研究》（云南版）创刊前，方国瑜在1954年撰写的《云南民族史》（讲义）、尤中的《南诏史话》（云南人民出版社，1956年版）以及马长寿的《南诏国内的部族组成和奴隶制度》（上海人民出版社，1961年版）等著作，都认为南诏国是由部族部落组成的集合体国家，南诏国的主体民族已经处在奴隶社会阶段。

《学术研究》（云南版）1962年第3期，李家瑞发表文章《试论南诏的社会性质》，对方国瑜、江应樑、马长寿等人的观点提出了不同的意见。他认为，马氏在探讨南诏的社会性质时，首先就有了一个成见，即南诏国发动了许多掠夺奴隶战役，然后才考察记载南诏生产和生产关系的文献，断定南诏的社会性质是奴隶社会。对此，李家瑞通过对马长寿在书中引用的《蛮书》中的史料进行重新标点，认为马长寿引用的文献由于句读存在问题，模糊原文的含义，他在文中对这些史料进行重新标点和解释，进而对南诏社会的生产水平、生产关系、商业贸易、政权组织和对中原文化的吸收等方面进行了分析探讨，得出南诏国社会性质同大理国一样，也是处于封建社会阶段。这篇文章发表后，尤中在1962年第5期《学术研究》（云南版）发表了《"南诏社会性质"质疑》一文，反驳了李家瑞的观点，认为研究南诏社会性质，学者们大多引用《蛮书》和《新唐书》。《蛮书》流传已久，字句多有断烂讹脱，《新唐书》则更多地注意文章的修辞造句，事件记载却比较混乱。李家瑞、马长寿等人没有注意到史料反映的侧重点不同，造成对南诏社会性质看法的严重分歧。尤中指出，南诏国的土地集中操纵在国王的手里，国王通过战争来大量获取奴隶，将奴隶视为私有财产，而奴隶生产出来的产品，绝大部分是供奴隶主们享受，只有一小部分投入市场交换，南诏国的主体民族——乌蛮，是维护奴隶主们剥削利益的，因此南诏的主体民族处在奴隶社会中，而被统治的各部落，其内部的经济、政治、文化的发展，都还处在奴隶社会以前的阶段。以上针锋相对的南诏国社会性质辩论，将南诏国发动战争是否为了抢夺奴隶作为辩论的重要依据。1963年第1期《学术研究》（云南版），董绍禹发表《说南诏出兵西川并非为了掠夺奴隶》一文，通过对史料的分析、考证，他认为

《新唐书》所载的南诏出兵西川是为了反抗当时腐朽、荒淫的唐朝边吏，所谓掳掠数万的说法也是不真实的，其后，南诏还将所掠得的人基本上都归还了，奴隶论者说他们都变为奴隶，是缺乏事实根据的。对南诏社会性质的探究，有利于认识历史上南诏国的真实情况。

第三，傣族社会性质研究。傣族是对云南历史产生过重大影响的民族之一，新中国成立后，对傣族社会的历史调查也广泛地开展起来，获得了一大批调查成果，为傣族史研究做出了重要贡献。20世纪60年代是傣族历史研究的一个重要阶段，其中对傣族社会性质以及历史上傣族所成立政权的性质研究是这一时期的主要特征。

1963年至1964年，《学术研究》（云南版）发表了韩巍的《解放前傣族社会的农村公社及其与封建领主制度的关系》、黄宝璠的《傣族古代奴隶制度初探》、郑镇峰的《麓川的兴起及其社会性质初探》、黄惠焜的《古代傣族奴隶制及其上下限之探讨》、黄宝璠的《试论麓川政权及其社会性质——兼与郑镇峰、黄惠焜同志商榷》几篇文章，这些文章分别从不同角度探讨了新中国成立前傣族的社会性质以及傣族建立的麓川政权的性质。韩巍认为，新中国成立前西双版纳傣族社会的农村公社保存得比其他地区更为完整，在严格的村社地界内，保留有村社集体所有制。农村公社内部具有完整的村社组织和村社内部的社会分工。在傣族社会，农村公社制度与封建领主制度紧密结合在一起，随着村社制度的瓦解，封建领主制度也随之瓦解。黄宝璠、郑镇峰和黄惠焜等人则对傣族古代的社会制度进行了研究。黄宝璠对束世澂先生否认傣族经过奴隶制的观点，提出了商榷意见，他认为傣族自跨入阶级社会后，处在奴隶制度的包围之中，又与这些民族有密切联系，自然不能全然避免受到奴隶制的影响，如傣族统治集团同样也发动过以掠夺人口为目的的战争，盛行蓄养奴隶之风。同时，通过总结古代傣族奴隶制的特点，黄宝璠认为傣族古代制度并未获得充分发展，是一种不发达的东方型的奴隶制，在很大程度上具有家庭奴隶制的性质，并分析了造成这一局面的原因。郑镇峰对傣族古代史上奴隶制与封建制的历史分期问题的麓川政权的社会性质进行了探讨。文中，郑镇峰对傣族建立的麓川政权兴起的历史背景和一些史实进行了介绍，他认为，麓川发动战争的主要目的并非是为了掠夺土地，而是掠夺人口和财物，这些是由麓川的生产方式和政治制度所决定的。通过对麓川的社会生产力以及生产关系的分析，郑镇峰认为麓川是奴隶社会，指出这一时期的麓川奴隶制度不同于其他奴隶社会制度的特点。黄惠焜对古代傣族奴隶制度的上下限进行了探讨，认为已有的研究成果对傣族社会的分期还有值得商榷的地方。为此，黄惠焜通过对史料以及现代西双版纳傣族农奴社会中遗留的古代奴隶制痕迹（调查资料）的分析运用，提出傣族在公元1至2世纪，就有可能已经跨入初级社会即奴隶社会，而傣族奴隶制的下限当在16世纪初叶。黄宝璠对郑镇峰和黄惠焜都认为麓川政权是奴隶制政权表示质疑，他认为傣族在14世纪中以前确曾经过家庭奴隶制的发展阶段，但14世纪下半叶后便逐渐转向了初期的封建制，麓川政权则是一个建立于领主经济之上的封建政权。

　　以上关于少数民族社会性质的讨论，大多只是根据调查资料，探讨各少数民族自身的社会性质，并没有直接参与到全国性的古史分期论辩中。打破这一局面的是马曜、缪鸾和在《学术研究》（云南版）1963年第1、3、5期连载的论文《从西双版纳看西周》，此论文引起了史学界的关注。

　　20世纪50年代，马曜、缪鸾和根据多年在西双版纳实地调查资料，把研究视野从西双版纳转向西周，用西双版纳的民族学资料去和西周历史作比较研究。西双版纳地区僻处我国西南边疆，与我国中原地区接触较晚，马曜、缪鸾和在西双版纳调查时，注意到西双版纳份地制和西周井田制的相似。于是，他们根据新中国成立前西双版纳傣族所处的领主封建社会活生生的丰富史料，从民族学的角度对西双版纳的"土地王有""农村公社""地租形态"以及"直接生产者"几个方面对西周封建农奴制进行剖析和阐释，认为西双版纳社会与西周的社会性质、经济关系、阶级关系颇为类似，同属于封建农奴制社会，《从西双版纳看西周》一文由此而诞生。该文针对少数民族社会发展不平衡的特点，采用"礼失求诸野"的民族学方法，通过运用西双版纳现实生活史料，弥补古史分期研究中史料的贫乏不足，有力论证了"西周封建说"。这一方法的运用，不仅参与了全国古史分期讨论，还"为古史分期研究打开了一个突破口"，被朱家桢评价为我国"第一部系统地运用民族学研究资料，与先秦古史资料相结合，探解西周井田制疑案的学术著作"。

一篇论文在学术刊物上一次连载三期的情况本身就比较少见，对《从西双版纳看西周》能在《学术研究》（云南版）连载三期的情况，李埏就曾回忆道："我读完稿子（《从西双版纳看西周》），感到太好了，便不待征得他们的同意，送到云南《学术研究》编辑部去。编辑部温剑锋同志看后也极为赞赏。次年遂破例分三期连载。刊出后15年，即1978年10月，长春举行'中国古史分期问题讨论会'，我和他（指缪鸾和）都应邀参加了。会上，不少古史专家得知他是《从西双版纳看西周》的作者之一，都到他下榻处访问交谈。"可见，这篇文章发表后在史学界所产生的巨大反响，一直持续。马曜回忆："《从西双版纳看西周》发表后，立即得到老一辈史学家范文澜同志的支持。宋蜀华同志曾著文赞同我们的研究方法。束世澂先生来信，完全同意我们在文章中的论点。""1963年下半年，云南人民出版社多次表示愿意出版《从西双版纳看西周》单行本。"改革开放后，仍然有大批学者诸如杨向奎、匡亚明、白寿彝、熊得基、赵光贤等著名教授充分肯定马曜、缪鸾和的研究成果。匡亚明教授在《孔子评传》中说："关于中国西周社会性质问题，至今尚行争论。如果现有文献资料和考古资料还不够作为解决此问题的充分论据的话，那么，在一定程度上正和摩尔根所做的那样，马曜、缪鸾和二同志把解放前西双版纳所处的领主封建社会的活生生的现实丰富材料，从民族学的角度，向我们提供了一把更为有力的解决西周社会性质之'谜'的钥匙，这不也同样可以说是一个很有价值的贡献吗？"还有季羡林、陈翰笙、金冲及、长谷川清（日本）等学者先后致信马曜先生或者著文介绍该成果，足可见这篇论文给人印象之深，影响之大。云南史学工作者结合本省少数民族调查资料，以人类学、民族学等方法，参与到我国的古史分期讨论中，解决了原始社会分期研究史料缺乏的问题，为向古史分期问题的讨论提供新的角度和视野做出了巨大贡献。

2. "民族形成问题"的讨论

自近代民族观念传入中国后，对中国传统的"天下"观产生了巨大冲击。史学工作者对什么是"民族"、民族是怎样形成、各民族之间的关系等问题进行了广泛而深入的研究，出现了大批民族史著作。新中国成立初期，学习马克思主义理论成为热潮，"在联系中国实际进行学习的过程中，一些迫切需要解决的问题被提及，马克思主义民族形成理论与汉民族形成的问题便是其中之一。"① 然而，真正引发中国学术界对汉民族形成问题展开热烈讨论的，是苏联学者格·叶菲莫夫的《论中国民族的形成》一文在中国的发表。叶菲莫夫是苏联著名的东方学家，他引用斯大林的观点，认为在资本主义以前是没有也不能有民族的，因为当时还没有民族市场，没有民族的经济中心，也没有民族的文化中心，而中国在19世纪下半期，资本主义经济结构才开始形成，在这个时期，中国资产阶级民族已经形成，而到了19世纪最后的30年，这个形成过程得到了更大的发展，在这之前中国并没有形成"民族"，只是形成了"部族"。这篇文章发表后，引发学术界热议，著名历史学家范文澜发表《试论中国自秦汉时成为统一国家的原因》，以反对叶菲莫夫的观点，他以斯大林民族定义中的"四特征说"为依据，提出了中国汉民族是特殊历史条件下形成的特殊民族，在秦汉时期即已具备四特征，即"书同文"（共同语言），"长城以内广大地域"（共同地域）、"车同轨"（共同经济生活）、"行同伦"（表现出共同文化上的共同心理素质）。文章用了较大篇幅着重论述秦汉时期的经济联系与市场形成问题，认为在中国特殊的情况下，封建性质的工商业在全国范围内流通，起着联系的作用，成为自秦时形成统一国家的基础。范文澜进一步指出，中国近代资产阶级不够强大，未能起到民族纽带作用，因此也就谈不上形成"资产阶级民族"，汉民族的形成只能是在古代。

叶菲莫夫和范文澜的文章发表后，在全国引起强烈反响，众多学者纷纷撰文提出反对或赞同意见，"双方各执一端，莫衷一是，但均未能在此基础上更深入一步，也不能说服对方。这一问题最终作为悬案而挂了起来"。这一时期的民族形成问题讨论，"占主导地位的观点是斯大林的民族形成于资本主义时代的观点。汉民族是特殊时代特殊民族论的观点也是以并不否定或承认斯大林的民族形成于资本主义时代的观点为前提的"。1957年，《历史研究》编辑部把论战双方的主要文章汇编为《汉民族形成

---

① 王东平：《中华文明起源和民族问题的论辩》，百花洲文艺出版社2004年版，第138页。

问题讨论集》，标志着论战在这一时段告一段落。

20世纪60年代，民族形成问题研究再次兴起，而这次对汉民族形成问题的论战，是在《学术研究》（云南版）刊物上再次掀起的，《学术研究》（云南版）成为这次学术讨论的平台。

1959年，中国科学院民族研究所在编写少数民族简史时，少数民族的起源和形成问题成为亟待解决的问题，广大少数民族群众强烈反对把新中国成立前的本民族称为"部族"。为此，中国科学院民族研究所的学者们，对此展开深入讨论。1962年春，中科院哲学社会科学部和中央编译局召开了"民族"一词的译名统一问题的讨论会，建议今后只用"民族"，不要再用"部族"。著名学者林耀华主张把各种德、俄文中的有关名词均译为"民族"，同时针对各词的不同内涵将其分为四类。其中民族"指的是最一般广义的人们共同体，包括从原始时代一直到社会主义时代的共同体"。

云南史学界关于民族形成问题的研究，就在这样的背景下展开。1963年，方德昭在《学术研究》（云南版）第7期，发表《关于民族和民族形成问题的一些意见》一文。文中，方德昭认为民族形成于原始社会末期，阶级社会初期，历史上存在过奴隶制民族、封建主义民族、资产阶级民族、社会主义民族等几种。方德昭认为，古代民族也具备了现代民族的四个特征，即，整个民族具有共同的经济基础，共同的社会物质生活条件，以及与经济基础相适应的经济联系，也就是每一民族的共同经济生活；而商品生产和交换的出现，乃是每一民族经济联系的开始。商品生产与资本主义生产并无直接必然联系，商品生产是人类经过第三次社会大分工而确立的。因此，不能说只有资产阶级民族才具有共同的经济生活，也不能同意原始社会就已经形成了民族的观点。方德昭的文章发表后，引起了著名学者牙含章（章鲁）的重视，他致信方德昭，对他的观点表示赞同，并针对方德昭认为不存在原始民族的观点提出不同意见。牙含章认为，恩格斯把历史上的民族分为三种：蒙昧民族、野蛮民族、文明民族，其中蒙昧民族和野蛮民族都指的是原始社会的民族，因此，最晚也在蒙昧时期的高级阶段，最初的部落就已经发展成了最初的民族——蒙昧民族。方德昭在回信中仍然坚持自己的观点，他认为在蒙昧时代还未形成部落联盟，甚至在野蛮时代初级和中级阶段，部落联盟也还未作为一种经常性的社会组织出现。在原始社会末期，由于人口增多和战争的需要，才出现了部落联盟。部落联盟进一步发展，形成了民族。

方德昭、牙含章二人的来往信件发表后，在史学界引起了较大反响。《学术研究》（云南版）（社会科学版）在随后的几期中用大量的篇幅来刊登读者的来信和相关研究文章，杨堃、施正一、浩帆、熊锡元、杨毓才、文传洋、史进等学者相继撰文阐释他们的观点。

1964年第1期《学术研究》（云南版）（社会科学版）刊登了杨堃的《关于民族和民族共同体的几个问题——兼与牙含章同志和方德昭同志商榷》、杨毓才的《向牙含章、方德昭二同志请教》等三篇文章，文章就民族形成问题展开热烈讨论。施正一同意牙含章的观点，认为最晚在蒙昧时代的高级阶段，原始社会的氏族就已经发展成了部落，进而形成了民族。杨堃和杨毓才不赞成牙含章和方德昭的观点，他们认为只有在资本主义上升期才能形成民族。杨堃通过民族和民族共同体之间的联系和区别的分析，认为民族共同体包括氏族、部落、部族、民族四种类型和四个发展阶段，牙含章所说的原始民族实际上是氏族、部落，方德昭所说的奴隶制民族、封建主义民族实际上是部族。部落是原始社会末期，阶级社会初期的铜石并用时代产生的，因此，绝无在蒙昧时期的高级阶段部落就已发展成了民族之说。他认为，从广义上说，把氏族、部落、部族、民族统称为民族是可以的，因为他们都属于民族共同体的范畴，但狭义的民族仅指资产阶级民族和社会主义民族两种类型。

随后，熊锡元在《学术研究》（云南版）上发表《民族形成问题探讨》一文，认为在封建分割状态下，还没有形成民族，只有当原先各自独立的各个地区在经济上和政治上结成一个整体时，才产生了"民族"。民族是资本主义兴起后的产物，资本主义兴起后，封建分割状态才告消失，民族才开始形成。同时，在这一期的《学术研究》（云南版）的"学术动态"栏目中，编辑部对"民族形成问题"讨论的来龙去脉进行梳理，并重点介绍了"民族形成问题"研究在云南学术界的新发展和影响。

这几篇文章以及"学术动态"栏目的介绍发表后，民族形成问题的研究得到更多学者关注，他们开始由什么是民族、民族形成于何时，转而就什么是氏族、部落、民族，它们之间关系如何，如何区别氏族、部落和民族，是否存在古代民族和现代民族展开激烈讨论。

1964年第3期的《学术研究》，发表了浩帆的《关于"民族形成问题"的一些意见——并与杨堃同志商榷》一文，浩帆不同意杨堃将民族划分为"广义民族"和"狭义民族"的观点，认为这个观点在马克思主义经典著作中没有提到，这种新奇的理论很难被认为是正确的。他在文章中分析了氏族部落与民族的联系和区别，认为氏族、部落是在血缘关系的基础上形成的，而民族则是在地缘关系的基础上形成，因此，氏族、部落和民族有着本质的区别，绝不可以把氏族、部落和民族混为一谈，也绝不可以把氏族、部落当作民族。

岑家梧、蔡仲淑认为古代民族即前资本主义民族或部族是阶级社会的产物，是社会生产力发展到一定水平的结果，它形成于阶级社会和国家之后。古代民族与现代民族虽然有联系，但也有区别，如果在翻译上把它们简单地统一起来，就不能体现它们之间又有区别又有联系的关系了。在引用经典原文时，为了忠实于原文，仍应保留"部族"一词。具体到中国实际，他们认为，汉族的出现虽在秦汉时期，但它的早期形式——华夏族则形成于西周到春秋时期。

1964年第4期的《学术研究》（云南版）发表了方仁署名的《论现代民族——兼与杨堃先生商榷》，文章反对杨堃先生在《关于民族和民族共同体的几个问题》一文中认为斯大林所说的狭义民族，指资产阶级民族和社会主义民族，也叫"现代民族"的看法。他建议不要用"现代民族"这样的词语，指出"现代民族"将会给学术界带来的混乱和误会。

文传洋认为，民族是阶级社会历史的产物，它随着阶级和国家的产生而产生，人类进入到阶级社会，世界上民族的分页也就出现了。他认为中国的民族出现在原始社会末期和阶级社会初期，在谈到夏商周时代时使用了"夏民族""殷民族"的概念，而他们都应该是"古代民族"，因此，否定古代民族的观点是不妥当的。

彭英明、徐杰舜认为，作为民族，不论什么类型，都必须具备以下几点：在地域基础上发展而来，经过激烈的、长期的分化、融合和统一之后，由氏族、部落发展而来，它们与阶级和国家一起出现。它们具有稳定性，一旦形成，长期稳定和发展下来，要具有稳定的、统一的语言、地域、经济生活和文化心理素质。而汉民族早在夏代时就已有了自己稳定的、统一的经济文化生活，早在仰韶文化时期就已显示出了自己的特点。由于民族语言的形成，到商周时出现汉字，几经改革，到秦汉就出现了"书同文"的语言大一统局面。因此汉民族的形成始于夏代，成于周代。杨保隆、史进、吕光天等学者也就"氏族和部落的关系""摩尔根的原始社会分期""对民族学的质疑"针对杨堃先生的观点，提出了商榷意见，"民族形成问题"讨论领域不断扩大。

云南《学术研究》刊物上进行的"民族形成问题"讨论，无论是在学者的数量还是投稿人范围的分布上都较其他研究领域更多、更广，参与的学者中当时的云南学者有方德昭、杨堃、杨毓才、熊锡元、文传洋，而省外知名专家占了较大比重，牙含章、浩帆、施正一、岑家梧、蔡仲淑、吕光天、梁钊韬、杨保隆、方仁，以及后起之秀彭英明、徐杰舜等学者都发表了自己的观点。这批成果的刊登，使《学术研究》（云南版）刊物得到了学术界的高度重视，《中华民族起源和民族问题论辩》一书评价道："（20世纪）60年代学术界还就民族形成问题的上限问题以云南《学术研究》为论坛展开了热烈的学术争鸣，成为当时民族理论研究的一个亮点。"[①] 这为后人的民族理论研究奠定了基础，对我国民族理论研究具有重要的学术价值和意义。

3. 云南的民族史研究

云南境内少数民族众多，抗日战争全面爆发后，众多高校迁入云南，云南少数民族史研究日益得到学者们的关注，大批学者投入到云南少数民族史、地方史的研究中。新中国成立后，有关部门在全国范围内开展了大规模的民族调查工作，云南是民族调查重镇，也是民族调查工作最出色的省份之一。这些工作为云南民族史、地方史研究提供了大量的研究资料，培养出了大批研究人才，因此云南开展民族调查，对云南的民族史、地方史研究起到了重要推动作用。

---

① 王东平：《中华民族起源问题和民族问题的论辩》，百花洲文艺出版社2004年版，第187页。

(1) 云南土司制度研究

　　土司制度是王朝统治者为适应边疆各少数民族地区经济发展不平衡，而采取不同于内地一般统治方式，经过若干朝代的统治经验，逐渐形成的一套完整的统治制度，这一制度主要在西南地区实施。新中国成立前，对土司问题的研究成果并不多。在研究云南土司制度的学者中，江应樑对云南土司研究的筚路蓝缕的功绩为学界所公认，其有关云南土司制度研究的著作有《明代云南境内的土官与土司》（云南人民出版社1958年版），首次发表就引得学界的关注。然而，当前有关土司研究的学术史著作中，学者们大多只关注到这本专著，对江应樑等人于20世纪60年代在《学术研究》（云南版）这份刊物上发表的关于土司制度研究的文章，以及因此而引发的学术争鸣，并没得到较大的关注。

　　1963年第5期的《学术研究》（云南版）上，江应樑发表了《略论云南土司制度研究》一文，文中江应樑对云南土司制度的内容和建置沿革、设置原因、主要手段进行了梳理，并发表了他对改土归流的看法。其认为，土司制度渊源于汉武帝，至元朝时粗具规模，到明代才形成完整的土司制度。对于实施土司制度的目的，江应樑认为："封建朝廷建立土司制度是手段，其目的在改土归流，所以当土司制度建立之时，也即改土归流开始之日，土司制度只能是适应于封建领主经济的政治制度。"

　　江应樑发表该文以后，杜玉亭发表了《试论云南土司制度研究中的几个问题——兼见教于江应樑先生》一文，对江文中的一些观点提出了不同意见。杜玉亭认为，作为云南土司制度的系统而完整的记载是始于明代，然而，从土司制度的基本特点来看，"不是在明代，而是在元代，云南的土司制度已经形成了"[①]。对于土司制度实行的社会经济基础，杜玉亭认为，与土司制度相适应的应当是封建领主制，但是根据少数民族社会经济发展不平衡的史实，土司制度也有可能在某些奴隶制度或原始公社制的民族中建立起来。对土司制度实行的目的、手段以及土司制度的评价问题，杜玉亭也发表了他的看法。此外，杜玉亭还在《学术研究》（云南版）

[①] 杜玉亭：《试论云南土司制度研究中的几个问题——兼见教于江应樑先生》，《学术研究》（云南版）1964年第1期，第60页。

1963年第7期发表了《元代云南的土官制度》一文，在文中，杜玉亭对学者极少关注的元代云南土官制度作了初步探讨。他认为，元朝在统治云南之时，就采用了分化、招抚、任用归附土官的新制度，元朝在云南设置土官的过程，是与元朝统治云南的时间相始终的。对土司制度的评价，杜玉亭认为土官制度是为维护封建王朝的统治利益而存在的，它是代表封建朝廷对各族人民进行政治统治和经济剥削的工具，曾给各族人民带来不少苦难。

江应樑和杜玉亭的文章发表后，引起了贵州学者张永国的注意，他在《学术研究》（云南版）上发表《也谈土司制度研究中的几个问题——兼向杜玉亭同志请教》一文，赞成江应樑认为土司制度形成于明代的观点，认为元朝统治中国的政治制度和职官制度基本上没有汉族和其他少数民族的区别，更没有流官制度和土司制度的根本区别，因而也就没有必要专门制定一套统治少数民族的土司制度，说土司制度形成于元代是与元朝统治的实际情况不相符合的。

尤中反对以上学者将土司制度当作直接从各少数民族内部的经济基础之上产生的上层建筑看待，而是将它作为历代封建王朝中央在西南少数民族地区实施的一种民族政策来研究。他认为，土司制度只是拉住各少数民族中的贵族分子来达到统治者当下的目的，无论他们是奴隶主还是封建领主，乃至原始社会末期的贵族，只要附属于王朝并交出纳贡就行。因此，土司制度本身没有同一经济基础。而各少数民族，则是各有自己的经济基础，及与这种经济基础相适应的一套上层建筑，这是为封建王朝施行的土司制度所承认和允许的。

（2）方国瑜先生"中国历史发展的整体性"理论提出

方国瑜是我国著名的历史学家，是中国西南民族史研究的拓荒者和奠基人，被誉为"南中泰斗，滇史巨擘"。他在西南民族史、云南地方史、云南地方文献、西南历史地理、纳西语言文化、西南边疆史地研究等领域的开创性贡献，为学术界所公认。1963年3月，方国瑜先生在云南大学校庆40周年之际做了题为"论中国历史发展的整体性"的学术报告。该理论正式发表在1963年第9期的《学术研究》（云南版）上。方国瑜"中国历史发展整体论"的提出，与他长期以来从事云南民族史、地方史的研究是分不开的。发生在当时学术争论也是促使方国瑜提出这一理论的重要因素。新中国成立后，在重新编著中国史时，如何明确中国历史的范围的问题，引起了学者的争论。翦伯赞认为，编写中国历史，"应该把汉族历史的研究，联系到中国境内各族人民历史的总和"。白寿彝则认为："用中华人民共和国的国土范围，来处理历史上的国土问题是正确的办法。"何兹全进一步提出："中国史应该是以今天中华人民共和国的疆域为范围，凡在今天中华人民共和国境内的各族人民以及这个疆域内历史上各族人民的历史，都属于中国历史的范围，都是应该讲述的对象。"然而，孙祚民反对上述意见，他认为："从今天角度来说，凡处在今天中华人民共和国国土范围以内的所有民族，都是我国民族大家庭的成员，它们的历史都是中国历史的一部分。"但"在过去的历史阶段，则应以当时各该王朝的疆域为历代国土的范围，因为凡在当时还处在各该王朝疆域之外的独立民族国家，就不应该包括在当时中国范围以内，在当时它们对于中原汉族王朝来讲，就是外族和外国"。这些争论引起了当时在云南大学任教的方国瑜的重视，由于长期从事西南地方史、民族史、边疆史地研究，对中国领土问题有深刻认识，为此他撰文参与到这场讨论中，并在《论中国历史发展的整体性》一文中提出几个重要的观点：一是"历代王朝史与中国史应当有所区别"，"王朝的疆域，并不等于中国的疆域；王朝的兴旺，并不等于中国的兴亡"，"中国历史上不在王朝版图之内的民族关系，应该放在中国历史之内来处理，不能以异国关系来处理"，"中国历史，既是生活在这块土地上各族人民的历史，就应该包括他们全体历史，不能'变更伸缩'。中国历史是有其整体性的，在整体之内，不管出现几个政权，不管政治如何不统一，并没有破裂整体，应当以中国整体为历史的范围，不能以历代王朝疆域为历史的范围"。二是整体性与统一性有所不同。中国历史是有其整体性的，在整体之内，不管出现几个政权与不统一，只能是整体之内的问题，而不是整体割裂的问题。在整体之内有共同利益，共同愿望，有着浓厚的一致性，在中国整体之内，历史发展过程存在不平衡的状况，这种情况，在族别之间最为显著，整体之内存在差别而歧视部分是错误的。"统一的概念，主要是指政治而言，即由一个政权统治时期谓之统一，由几个政权统治时期谓之不统一"，"政权的统一不统一，只能是整体之内的问题，而不是整体割裂的问题"。三是"中国历史之所以形成整体发展，是由于有它的核心起着主干作用。这个核心就是早在中原地区形成诸夏族，后来发展成为汉族的人们共同体"，"以汉族为主流的文化的发展和传播，形成中国体系的文化，在中国整体之内，起着主干作用。也在这基础上建立政治联系"。四是"在中国整体之内，历史发展过程存在着不平衡的情况，这种情况，在族别之间最显著。由于各民族特点和具体条件，长期以来全国各民族特点和具体条件，长期以来全国各民族社会发展是不平衡的。但是各族之间虽有差别，也有一致性，在历史发展过程中，并不是以差别性而分离，乃以一致性的共同要求而结合成为一个整体。整体之内，不排除不同情况的存在，并且以不同情况而相互依赖，得到共同利益，发展了整体历史"。五是"我国国土之内，自古以来居住着不同民族，各民族由于社会生活的共同需求，相互联系、相互影响，而且相互融合，发展了共同经济文化，构成一个整体。在整体之内的各族各有具体情况，社会发展不平衡，政权形式是不同的，但整体的国家主权区域是一致的，不容许以政权形式之不同，而认为国家主权有差别，进而怀疑落后地区是否为当时国土的一部分。这是不从本质看问题，是错误的。既然认为中国是多民族国家，各民族都是大家庭的成员，当然要承认社会发展不平衡的各民族地区，同是在中国国土范围之内；而因不同社会基础上建立起来的不同政权形式，认为是国家主权有差别，把国土割裂，因而割裂了中国整体的历史，当然是不容许的"。

方国瑜《论中国历史发展的整体性》揭示了中国的社会结构在经济和文化上的整体性，在政治上分裂的偶然性与统一的必然性，在社会发展上的差异性与一致性，论述了中国统一多民族国家形成发展的根本原因、历史真实和发展趋势。有着这样的认识，与方国瑜一生的经历是息息相关的，在对中国传统学术文字学、思想史进行研究，中国古代"天下观"的思想，统一始终是中国历史发展的主流的观点的基础上，方国瑜整体性的哲学思想初步建立。方国瑜年轻时曾经参与过中缅边界的谈判，从学术研究到现实的边界谈判，强化了中国领土神圣不可侵犯的态度和保卫祖国边疆的决心，这也是方国瑜维护国家主权，捍卫国家领土完整的具体行动。

这次历时一年多的勘界谈判，使得方国瑜在实践中对边疆的认识更加深刻：在当地居住着众多族群，他们在历史上就是多民族国家的一个有机组成部分。而后，云南历史文献的编纂工作，方国瑜一再强调中国历史发展的整体性，要把云南的历史放到中国历史发展整体中考察，云南历史是中国历史的一环，云南历史的发展与中国历史发展息息相关。"中国历史发展的整体性"，是方国瑜学术思想的核心，也是其学术研究的重要理论成果。

改革开放后，师从方国瑜的木芹、林超民等对方国瑜的"中国历史发展的整体性"观点进行进一步丰富和发展，取得了一批重要的研究成果。在 1983 年云南大学 60 周年校庆之时，林超民撰写《大理段氏与三十七部盟誓碑有关几个问题》一文，就运用了方国瑜"中国历史发展的整体性"观点，通过考证一块碑、一次盟誓、一个史事，探索中国历史发展的内在规律，阐述中国历史发展的整体性。他在文中就指出："唐宋王朝在云南的势力虽然退缩了，但南诏、大理各族人民在与中原的文化经济交流中，促进了云南社会经济向前发展。云南的社会经济、政治制度、思想文化都提高到一个新的水平。祖国各族人民把历史推进的过程，也就是彼此相结合的过程，政治虽有时分立，经济文化则始终互相吸收、互相依存、逐步结合、逐步统一而形成一个整体，各族人民共同缔造了统一的多民族国家，促进了中国历史的发展。"这是继云大 40 周年校庆提出"中国历史发展的整体性"理论后，在 60 周年校庆时对其进行更进一步的阐释，将"中国历史发展的整体性"的理论更具体化、普遍化，用具体生动的历史事实将其学术理论深化。而后，在编写《中国民族史》之时，方国瑜"中国历史发展的整体性"观点也被运用于其中，这部书，被学术界称为用中国历史发展的整体性研究中国民族史的佳作，获得国家图书奖、国家教委首届人文社会科学优秀科研成果一等奖、首届郭沫若历史学奖。这些奖励正是对方国瑜"中国历史发展的整体性"理论的肯定。

如今，"中国历史发展的整体性"理论对现在铸牢中国民族共同体意识也同样具有镜鉴意义，将历史与现实相关照、呼应，是维护国家统一、边疆安定的重要基石，对于正确处理历史和当民族关系做出了卓越的理论贡献，对于今天维护祖国统一、加强边疆建设、促进民族团结，依旧发挥着重要的理论作用。

（三）"食货之学"：中国经济史研究

中国经济史研究是著名的"五朵金花"之一的"资本主义萌芽问题"研究中最为重要的内容。王学典教授认为："从今天看来，经济史是唯物史观派贡献最巨，生命力最长久的一个专门领域。"[①] 这些成绩，离不开学者们在新中国成立后至"文革"前这17年间对经济史的深入探究。在云南史学界，对中国经济史研究做出了杰出贡献的是李埏，陈友康、罗家湘在《20世纪云南人文科学学术史稿》中评价其"最大贡献是提出中国封建社会的土地所有制'土地国有制'的观点。"早在20世纪50年代，李埏就发表了《论我国的"封建土地国有制"》（《历史研究》1956年第1期）一文，参与了中国封建土地所有制问题的热烈争论，文章对侯外庐认为我国古代土地制度是"皇族地主土地所有制"的观点进行修正和补充，认为"皇族地主土地所有制"的提法欠妥，用"土地国有制"更为恰当，古代土地国有制与私有制并存，彼此消长，但总的趋势是私有制日益发展。文章发表后，得到学界的重视，成为影响很大的"一家之言"。李埏对货币史研究也做出了重要贡献。1960年，李埏完成了《两宋的货币》科研项目。1963年，李埏在第6期《学术研究》（云南版）发表《龙崇拜的起源》，对龙崇拜起源的经济原因作了初步探讨。同一期的《学术研究》（云南版）还刊登了戴静华《两宋的行》一文，对两宋时期"行"的建立、职责，两宋免行钱的始末、工匠的当行、"行"反映的矛盾等问题进行了较为详细的探讨。此外，云南大学的一些学者如马忠民、木芹等还对春秋战国间经济制度的演变、隋唐以前中国丝织业的发展、少数民族地区经济发展、20世纪初叶的土地关系等问题进行了研究探讨。

如果说李埏等人的经济史研究是对全国性经济史研究话题的参与，那么对云南冶金史的研究则是云南学者对本土经济史的首次深入、系统的研

[①] 王学典：《近50年的中国历史学》，载王学典等编《二十世纪中国史学史论》，北京大学出版社2010年版，第202页。

究。在云南这片土地上，蕴藏着丰富的银、铜、锡、煤等矿产资源，云南冶金业也有着悠久的历史，然而对云南冶金史的研究却远远不够，新中国成立后，这一情况引起了学者们的重视。在全国范围内对"五朵金花"研究之一的中国资本主义萌芽研究取得了大批成果，更引起了学者对云南冶金史的关注。因此，云南的学者们对云南冶金史研究越来越重视，也取得了一批研究成果。

1961年元旦，云南大学历史系对祖国元旦献礼项目中，有编著一部字数达40万字的《云南冶金史》著作的计划[1]。1961年第5期的《学术研究》（云南版）刊登了董孟雄的《辛亥革命前帝国主义对云南的经济侵略》一文，该文介绍了帝国主义在辛亥革命前对云南主要经济命脉的控制情况。陈吕范、邹启宇在董孟雄一文的基础上进一步深化，就帝国主义与云南民族资本及广大人民群众的关系、帝国主义与中国官僚资本的关系，作出了概略的叙述和尝试性的考察。此后，云南的史学工作者在《学术研究》（云南版）上发表了一批云南经济史、冶金史的研究成果，在该刊物的"学术动态"栏目中介绍了这一时期云南史学界对云南冶金史的研究状况，"学术动态"栏目介绍道：云南历史研究所与云南大学历史系合编了《云南冶金史》，已完成初稿；同时，对云南近百年史的一些问题进行了初步探讨。在《云南冶金史》初稿的基础上，为进一步提高质量，历史研究所目前又组织力量（主要与云大历史系合作），对云南矿冶史的一些重大问题，进行专题研究。这些专题史研究中，《关于古代云南矿冶试探》及《元、明时期云南冶矿发展概况》两文已写出，后者已在该刊发表。《帝国主义与云南矿业》一文已完成初稿，正在进一步修改中。《关于云南冶矿业中的资本主义萌芽问题》一文，分别从几个方面进行了探讨。《云南铜矿业中的资本主义萌芽问题》《云南冶矿业中的资本主义萌芽问题》《关于"云南冶矿业"上若干问题》《关于云南冶矿业中的地方官僚资本主义问题》《云南冶矿业中的工人运动》等多篇，将陆续于1962年4月以前完成。随后，《学术研究》（云南版）又陆续刊登了一批关于云南冶矿业的学

---

[1] 《元旦科研献礼大会上报告、发言稿、记录、献礼项目及生物系献礼工作小结》，云南大学档案，1961年，目录号54，第41页。

术论文。1962年第11期刊登了一篇署名"李述方"的文章《汉宋间的云南冶金业》。该文介绍了汉至宋时云南的冶金业情况,并尝试考证云南冶金业的始源,但由于文献资料的缺乏,无法确证云南冶金业始于何时。"李述方"其实是李埏的笔名,根据其回忆,这篇文章是云南大学历史系集体编写《云南冶金史》时所作,本来主事的陈吕范约请方国瑜先生撰写古代部分,方国瑜根据记载,以时间为顺序,撰写了上下两章,约有2万余字,文章风格纯属学术论文。陈吕范为了全书体例和结构的统一,约请李埏改为一章。"我觉得国瑜先生原稿中征引的史料至为宝贵,不可删省,但既为一章,自不能全部录入。那怎么办呢?后来我想出一个办法,把不入正文的史料都纳入脚注之中。这样,便一条也没有丢。过了一年,云南《学术研究》杂志要发表这篇文章,校样上署我的名。我不同意。我说:'若没有方先生的原稿,我怎么写得出来呢,只能署方先生的名。可是,国瑜先生怎么也不肯。编者建议:国瑜先生和我连署,国瑜先生也不允许。最后我想出一个办法,用笔名'李述方','述'是孔子'述而不作'之意。"[①] 针对云南冶金业早期历史文献无征的情况,林声根据已取得的考古材料对云南冶金业的早期历史进行了探讨。陈吕范、邹启宇则对个旧大锡的产量和出口量问题(1909至1937年)进行了初步研究。这一时期的云南冶金史研究虽处于起步阶段,但对云南冶金史进行了系统而全面的研究,取得了丰硕的成果,为云南冶金史研究的进一步深入做出了贡献。

由此可见,"文革"前云南学术界对中国经济史尤其是云南经济史的研究已经取得了较大的成就。

(四)后起之秀:农民起义研究

中国农民战争史是新中国成立以来新兴的一门学科,"在马克思列宁主义、毛泽东思想的指引下",这门学科从无到有,从萌芽到茁壮成长,取得了丰硕的研究成果。早在抗日战争时期,革命领袖毛泽东就提倡开展农民战争史研究,为历史上的农民起义"反正",由此提出了长期以来支

---

① 李埏:《不自小斋文存》,云南人民出版社2001年版,第730页。

配农民战争史研究的"农民运动论",为农民战争研究提供理论基础。1949年新中国成立后,农民战争史研究显得更为迫切和重要,王学典就此评论道:"这一专题史从一开始就负担着意识形态功能,成为中国史研究领域内政治敏感度最高的学科。"这一政治属性使它成为史坛"宠儿",在全国范围内掀起了研究这一问题的热潮。从全国范围来看,对于农民战争的研究其中最引人注目的是太平天国运动研究,而与太平天国运动几乎同时发生在云南的杜文秀起义,却没有得到更多的关注,研究成果与太平天国运动研究相比要少得多。因此,云南史学界关注更多的是与云南地方密切相关的杜文秀起义、李定国起义以及当地各少数民族大起义。

1. 杜文秀起义研究

清咸同年间,杜文秀领导云南各族人民掀起了轰轰烈烈的反清大起义,建立了大理政权,同清王朝进行了18年的斗争,是云南近代史上发生的规模最大的一次起义,在全国产生了重要的影响,然而史学界对杜文秀起义的关注却远远不够,取得的研究成果也不多。新中国成立后,对杜文秀起义的研究把重点首先放在了史料的收集和整理方面,1952年上海神州出版社出版了白寿彝主编的四卷本《中国近现代史资料丛刊·回民起义》,前两册是清咸丰、同治年间云南回民起义史料汇编,但大部分是关于战争过程的纪实,很少涉及杜文秀起义建立的大理政权在政治、经济、文化等方面所实行的制度、政策和措施。1958—1959年,原昆明师范学院历史系教授吴乾就领衔云南回族历史调查组,对滇西地区回族的社会经济和历史情况进行了广泛深入的调查,历时4个多月,搜集了包括家谱、碑刻和先人著述手稿等约31万字的珍贵资料。

随着新中国成立,受当时学术界对农民起义研究热潮的影响,杜文秀起义这一历史事件也进入了史学工作者的视野,引发了较为热烈的学术讨论。一位学者回忆,杜文秀起义引起关注,"最初是中国科学院近代史研究所的一位研究人员根据第三手间接资料,写文章提出杜文秀起义时意图出卖云南给英帝国主义。文章引起当时一位领导人的关注并约见了著名历史学家范文澜等人，谈话中又将杜文秀与新疆的阿古柏扯在一起"①。于是，范文澜在1954年8月修订、1955年9月出版的第九版《中国近代史》中增加了斥责杜文秀"勾结英国侵略者"，是"祖国和起义军的叛卖者"等内容。随后编订的初、高中历史课本，中学使用的中国历史云南乡土教材初稿和华东师范大学中国近代史讲义，几乎都采纳了这一说法。1960年出版的由郭沫若主编的《中国历史初稿》（第七册）中，对杜文秀的评价对范文澜主编的《中国近代史》一书的论点加以发展。两位学术"大腕"的观点，使学术界对杜文秀的评价基本形成定式，缺乏了对杜文秀的客观看法。对此，吴乾就根据之前收集到的相关资料，不惧当时的政治压力，挺身而出对这些"权威"观点提出了质疑，在云南乃至全国掀起了对杜文秀起义性质及其相关研究的热潮。

1961年7月，吴乾就在《学术研究》（云南版）创刊号上首次发表《关于杜文秀的评价问题》一文，文中指出，范文澜的《中国近代史》以及郭沫若主编的《中国历史初稿》等书的观点仅是依据英法等国的材料，没有结合中国丰富的史料加以分析、辨伪。他利用本国丰富的史料以及他在民族调查时所得到的调查资料，对《中国近代史》《中国历史初稿》所依据的史料进行了一一考证和辨伪，对之前的观点进行有理驳斥，认为杜文秀并没有建立所谓的"伊斯兰教帝国""独立国"，也没有自称"王""苏丹"，而只是自封为"总统兵马大元帅"，所用年号也是甲子纪年，更没有与英、法帝国主义勾结出卖云南。

吴乾就的文章如平地惊雷，轰动了当时的学术界，标志着云南杜文秀起义研究进入新阶段。学者们以《学术研究》（云南版）为主要平台，展开了激烈的学术讨论。1961年第2期《学术研究》（云南版）刊登了江应樑的《清咸同年间云南各族人民大起义中的几个问题》。这篇文章是对在云南发生的各族人民的起义进行说明，就新中国成立以来近代史著作和历史教科书的一些提法提出了自己观点，认为在清咸同年间的起义是各民族人民的大起义，而不仅仅是回民起义。他列举了从1853年至1863年间爆

---

① 房汉佳、林韶华：《中国爱国学者田汝康教授》，沙捞越人民联合党总部研究与资料中心2004年版，转引自王爱国《谁为杜文秀平了反——为田汝康先生逝世两周年而作》，《回族研究》2009年第1期，第8页。

发的各少数民族的起义,将起义的时间范围扩大为1853年至1876年,并认为这一时期的农民起义的性质基本上属于农民革命的范畴。相对于杜文秀起义来说,李文学起义更能代表广大起义群众的利益,因为李文学提出了具体的土地纲领和经济措施,这些措施都能满足农民的权益,满足农民的实际需要。大理政权的领导人大多出身于地主、商人或地主出身的知识分子,因此大理政权主要不是代表农民的利益,而是代表商人、市民和中小地主的利益。对杜文秀的评价问题,江应樑表示,他基本同意吴乾就的意见,把杜文秀说成是"祖国和起义军的叛卖者"还为时太早。同时,在这一时期《学术研究》(云南)的"学术动态"栏,李英华对1961年7月14日云南大学关于封建社会农民战争的性质和作用的讨论进行了介绍,指出对农民战争问题的研究具有巨大的现实意义。江应樑文章发表后,宁超、林荃两位年轻的史学工作者发表了《大理政权是农民革命政权——与江应樑先生商榷》,对大理政权的性质提出了不同意见。他们认为大理政权并非像江应樑先生所说只是代表商人、市民和中小地主的利益,而更多是维护农民的利益,"大理政权一部分领导成员的出身,并不能决定大理政权的本质,因为某一领导者个人的出身,并不能决定他的政治行动,虽然出身对一个人的政治行动是有影响的,但关键在于其政治主张是代表那个阶级的利益,其政治行动是服务于那个阶级的利益。"① 这显然才是用马克思列宁主义的阶级观点来看待历史人物的问题,进一步深化了对杜文秀农民起义问题的研究。

1961年第5期,《学术研究》(云南版)中刊登了一名20岁回族青年印刷厂工人李青的文章——《谈谈关于杜文秀的几件史料》。他根据族人提供的口述史以及文字资料,进一步论证了吴乾就《关于杜文秀的评价问题》一文的观点,认为前往英国商议出卖云南的并不是杜文秀的儿子,范文澜编著的《中国近代史》中说杜文秀1871年派他的儿子艾山到伦敦、君士坦丁堡谈"出卖"云南的条件,是错误史料的运用,同时还指出了《中国近代史》《中国近代史初稿》《初中教学参考资料》等书存在的其他

---

① 宁超、林荃:《大理政权是农民革命政权——与江应樑先生商榷》,《学术研究》(云南版)1961年第3期。

错误。同期的《学术研究》（云南版）的"学术动态"栏，对国内中国农民战争的性质和作用的讨论，尤其是云南史学界对杜文秀起义研究的现状进行了介绍。1961年12月，吴显明对林荃、宁超的观点提出了不同意见，他认为大理政权并不是农民革命政权，而是代表地主阶级和商人利益的政权，因为当时回族各阶层人民都参加了斗争，除了有不少的农民参加外，市民、商人、地主也加入了斗争行列，然而领导权落在了地主阶级和商人手里。在文章中，吴显明还分析了大理政权产生的矛盾根源及杜文秀的功绩。1962年2月，林荃又在《学术研究》（云南版）发表了《杜文秀初期活动的性质及其起义的直接原因——兼与吴乾就先生商榷》，对杜文秀起义的原因提出了不同的看法。林荃认为，杜文秀起义是出于"出民水火"的目的而进行的反对清王朝统治的起义，杜文秀从来都没有从狭隘的民族复仇情绪出发，而是联合汉族及其他各族被压迫被剥削的人们共同反抗清王朝的统治，是一场具有进步意义的斗争。文传洋发表《从回民起义到大理政权》一文，对回民起义的阶级斗争和民族斗争的规则进行了探讨，同时指出大理政权只是封建改良政权，以及其所存在的阶级局限性。

云南史学工作者对杜文秀起义的热烈讨论，得到了全国史学界的关注，而当时的《学术研究》（云南版）是创刊不久的内部刊物，发行仅是在省内免费赠送而已，但由于对于农民战争的讨论，使其已经产生了较大的影响力，确定了《学术研究》（云南版）论文用稿的质量，为之后的公开发行奠定了基础。在1961年8月23日，《云南日报》以"就清代云南农民起义中的一些问题，我省史学界展开初步讨论"为题，报道了吴乾就和江应樑两人的主要观点。紧接着，《人民日报》1961年10月14日以"云南省一些历史工作者对杜文秀提出了新的评价"为题，介绍了云南史学工作者对杜文秀起义提出的新观点，给出的新评价。1961年12月1日《光明日报》登载了吴乾就的《试探杜文秀评价问题——一些外国资料的辨伪和剖析》一文，12月19日又刊出了李青的《谈谈杜文秀的几件史料》，两篇报道基本上是在《学术研究》（云南版）所发表文章中的重点部分。《人民日报》和《光明日报》先后对云南关于杜文秀起义研究情况进行了介绍，在全国引起了较大的反响。1961年12月底在北京举行的历史学会年会，就对杜文秀的评价问题展开了较为激烈的讨论。中国人民大学马汝珩教授在《民族团结》上发表《关于杜文秀的评价问题》一文，介绍当时学术界对杜文秀评价的三种观点，并提出了自己的看法，他认为杜文秀起义为推翻清王朝的统治，推动革命事业的发展，对吴乾就以及李青对范文澜、郭沫若主编的著作中的观点进行的辨伪和争论表示赞成，同时也认为杜文秀派人去英国求援是一个不争的史实，"因此，对杜文秀的历史评价应该基本上肯定，部分否定，这是比较合适的"。① 1963 年，时为复旦大学教授的云南籍学者田汝康，发表《有关杜文秀对外关系的几个问题》一文，这篇文章是作者留学英国时查阅大英博物馆中的相关资料后撰写的。这篇文章的发表，解决了一直困扰吴乾就"所掌握的资料不够，比如杜文秀给英国政府的文件我们没有看到，刘道衡和英国政府谈判的具体过程，我们也不晓得"等史料缺乏，使之论据不充分，很难做出正确结论的问题。而田文用了近 40 种外文记载，证明刘道衡"使英"是一个彻头彻尾的骗局，与杜文秀无关。范文澜读了田汝康的文章后，"主动写信与田汝康先生联系，向他借阅原本材料。田汝康先生将影印本档案寄给范文澜先生后，不久即发生了'文革'，范文澜先生怕出意外，又将影印文件寄还了田汝康先生。"

由于当时的学术研究深受政治因素影响，对杜文秀的研究没有进一步深入，对其评价的研究最终也是无疾而终。为杜文秀平反的吴乾就，后也被扣上"为叛徒辩护"的帽子，杜文秀起义研究转入低潮。1964 年，林剑鸣、高景明在《人民日报》上发表《怎么看待农民战争中的"伪降"》，认为杜文秀"舍身为民"，用自己的生命向敌人乞降，以保全起义群众生命的"伪降"行为，事实上是一种投降叛变的行为，给人民带来了更大的灾难。对于那些在革命危急关头不是用斗争，而是用投降来换取保全自己或别人生命的人，永远应当视为叛徒。企图用功、过相抵，或者主观拼凑一些材料把过说成"功"，是一种违反科学的态度，对指导现实斗争毫无补益。这篇社论的发表，又将杜文秀打入无底深渊，再也没有人敢为这个"叛徒"辩护了，至此，对杜文秀起义的研究戛然而止。

---

① 马汝珩：《关于杜文秀的评价问题》，《民族团结》1962 年第 3 期，第 33 页。

2. 李定国研究

李定国（1621—1662），陕西榆林人，是明末著名的农民起义军中的一名青年将领，十岁就参加了张献忠领导的农民起义军，是张献忠部下有名的"四将军"之一。1646年张献忠牺牲后，李定国与孙可望、刘文奇、艾能奇率大西军余部从四川进入贵州、云南，与南明永历政权建立了抗清统一战线。在西南，李定国积极联络民兵义旅和各省少数民族，坚持抗清斗争前后达20年之久（包括他死后的几年抗清斗争仍在继续）。新中国成立后，随着农民战争研究的兴起，对李定国的研究得到了原云南省省长兼省委书记郭影秋的关注，在云南任职时，他积极在各地收集关于李定国的史料。1957年，他放弃云南省省长职务，主动请缨前往南京大学担任校长。在南京大学的几年时间里，他更加重视对李定国相关史料的收集。1959年，他完成《李定国纪年》一书的写作，1960年中国书局将该书出版，这部具有开创性意义的学术著作，对明末农民起义领袖李定国的研究做出了重要贡献。1961年，郭影秋在《新建设》第12号上发表《谈郑成功和李定国的关系》一文，呼吁学术界关注对李定国以及郑成功的研究，期望能在两位人物逝世三百周年的时候，能够看到有关他们的新的研究成果。1962年，正值李定国逝世三百周年，郭影秋校长致信云南大学方国瑜教授，提倡在南京大学与云南等几个地方同时举办"纪念李定国逝世三百周年"学术活动。在郭影秋和方国瑜等人的努力下，这一提倡到云南省政府的重视，在省委宣传部支持下，由云南省民族研究所、云南省历史研究所、云南大学历史系、昆明师范学院历史系、云南省文史馆、云南省博物馆、云南省图书馆等几个单位共同筹办，并立即着手准备。"6月—7月，省民族研究所和历史研究所分别派人到贵州、广西、湖南收集有关李定国的资料，另有一些人去云南省图书馆查阅南明史籍，编出一本参考书目；再有一部分人撰写内容提要。"[①] 有序开展会议的进程。

1962年7月的《学术研究》（云南版）刊登了郭影秋的《论李定国坚持西南抗清斗争的历史作用》和云南历史研究所所长侯方岳的《纪念民族

---

① 方福祺：《方国瑜传》，云南大学出版社2001年版，第159页。

英雄李定国逝世三百周年》两篇文章，对李定国"联明抗清"斗争的经过、作用和意义进行了介绍，吹响了云南史学界全面、深入研究"民族英雄"李定国的号角。在这一时期的《学术研究》（云南版）中，"学术动态"介绍了云南史学界正在积极筹备"纪念李定国逝世三百周年"学术活动。1962 年 8 月 11 日，云南省史学界和文艺界人士 400 多人在云南大学礼堂隆重地举行了纪念会，学者们在会上宣读了 6 篇学术论文。随后，《学术研究》（云南版）第 9 期发行了"纪念民族英雄李定国逝世三百周年"专刊，在这一期中，刊登了方国瑜的《晚明时期云南的反明斗争到反清运动》、江应樑的《李定国与少数民族》、李家瑞的《从李定国谈到吴三桂》三篇文章。方国瑜在《晚明时期云南的反明斗争到反清运动》一文中，"以一个历史学家的眼光，把历史人物李定国同明末清初这个特定的历史环境，以及云南在这一历史时期的发展情况和人民群众斗争的形式联系在一起进行评价，这是他用马克思主义史学观评价历史人物的第一次尝试。"① 江应樑和李家瑞两位学者则对李定国与少数民族的关系、李定国失败的原因以及李定国的"联明抗清"给云南民间带来的影响等问题发表了自己的看法。1962 年第 11 期《学术研究》（云南版）又相继登载了吴乾就的《论南明时期的联明抗清斗争》、易问耕的《有关李定国史料劄记二则》和孙太初的《李定国联明抗清时期的几件文物》几篇文章。吴乾就在文章中对李定国联明抗清的必然性和对反对民族压迫所起到的作用做了较为全面的分析，同时也指出了"联明抗清"带来的消极影响。易问耕则运用历史文献的方法在文中对刘彬《晋王李定国列传》一书进行辨伪，根据该书的来历、内容的虚构臆造和与其他著作的相同之处进行分析，认为该书是后人假托刘彬之名的伪作。同时，该文对李定国随李自成攻入北京的史实进行了探讨，认为张献忠曾派李定国率领一部分人马支援李自成进攻北京是可能存在的。孙太初则从考古学资料入手，对云南省博物馆所藏李定国联明抗清时期的几件文物进行了介绍和分析。

同一时期的南京大学，纪念李定国逝世三百周年学术活动也在热烈地进行，发表了一批学术成果，其中包括著名明清史专家洪焕春的《李定国

---

① 方福祺：《方国瑜传》，云南大学出版社 2001 年版，第 160 页。

和郑成功三百年祭》、吕作燮的《李定国的"联明抗清"斗争》、谢国桢的《论李定国在历史上的地位》等等。通过这次纪念民族英雄李定国逝世三百周年学术盛会，史学界第一次对李定国"联明抗清"斗争进行了较为系统深入的研究，为后人的研究奠定了坚实基础。而南京、昆明两地就同一个历史人物开展学术研讨，两地呼应，更好地推动了各地历史研究的进行，掀起了学术讨论的热潮。

1961—1962年的《学术研究》（云南版）刊登的史学论文中，关于杜文秀与李定国的研究文章占了2/3的比例，可见当时云南史学界对云南农民起义研究的重视程度。此外，云南史学工作者还就发生在云南的李文学起义、基诺族起义进行了一定介绍。但由于资料限制，对李文学起义和基诺族等少数民族起义的研究没有进一步深入。

（五）激浪前进，阵阵回响

上述的相关研究基本属于当时"五朵金花"的研究范畴，其研究成果在全国范围内产生了重大影响，得到了国内知名学者诸如牙含章、吕光天、岑家梧、梁钊韬、浩帆、张永国等学者的重视和参与，说明这时期的云南史学研究已经达到甚至超越了全国的马克思主义史学研究水平。尤其是将少数民族调查资料运用于中国古史问题的研究，这些研究成果得到国内史学界的认可和推崇，一度使云南学者对古史分期问题的研究成为马克思主义史学的一大特色。通过对20世纪60年代初期史学研究成果的介绍，我们可以看出这一时期云南史学研究，已经突破云南史学"没有足够的魄力参与中国史学的言说"的局限，在国内史学界产生了一定影响，甚至在有些领域还走在前列。

《学术研究》（云南版）的史学研究内容，预示着云南改革开放后史学的发展方向。由于处于马克思主义唯物史观的初步构建阶段，新中国成立初期的云南史学研究，在很多研究领域都还处于草创时期，如中国近代史研究（唐继尧研究）、民族理论研究（民族形成问题研究）、杜文秀及其少数民族起义研究、中国经济史研究（货币史、云南冶金史、两宋经济史）等。然而正当马克思主义史学研究在云南得到迅速发展时，却被一系列的

"政治运动"所打断,尤其是"文化大革命",严重破坏了云南的史学研究,使这些取得重大发展的史学研究不得不中断。粉碎"四人帮"后,云南史学研究得以恢复。云南史学工作者们在农民战争史研究(尤其是西南民族史研究)、中国近代史研究、民族理论研究(民族共同心理素质和民族意识等方面)、中国经济史研究(唐宋经济史研究、云南地方经济史研究)等领域都取得了辉煌的成就,而这些研究主题在《学术研究》(云南版)刊物上都有或开创或深入的研究,由此想见,该刊物在一定程度上预示了云南史学的发展方向。

五、薪火相传，学术相继：对云南史学的推动

（一）中青年史学工作者的成长园地

《学术研究》（云南版）刊物对云南史学的影响还体现在人才的培养方面。学术期刊"发表各种人才自己的深刻见解和各种研究，为之提供了园地，使之较快脱颖而出，取得社会的承认"，因而在对人才的培养上起到了非常重要的作用。学术期刊的确是为推进学术、培养学术人才的快捷有效的途径。1964年，黎澍在《光明日报》上发表了《让青春放出光辉》一文，强调了培养社会科学新生力量的重要性，鼓励了青年上进，表达了史学界应该重视青年史学工作的培养。

中青年学者在这一时期，肯于钻研，勤于思考，又不迷信权威，不拘泥于一家之言，他们开拓视野，创新理论方法，并将其运用到史学研究之中，敢于提出新的见解，使云南的史学研究呈现出一片生机勃勃的景象。《学术研究》（云南版）刊物致力于实现"百家齐放，百家争鸣"，以促进学术研究的发展，因而，《学术研究》（云南版）在约稿时强调，欢迎"对共同有关问题或学科值得进一步研究、探讨的问题，提出自己的意见进行讨论的文章"。在这样的征稿理念下，《学术研究》（云南版）极为重视对当时学界存在较大争议的史学论文，诸如对杜文秀起义研究、社会性质、古史分期讨论、民族形成问题讨论等的一系列"学术争鸣"的登载。在激烈的学术讨论背后，老一辈学者不断修正、完善自己的观点，中青年学者则在这样的讨论中逐渐成长。该刊鼓励了青年史学工作者踊跃投稿，并择其优者直接刊发，给予青年人极大的鼓舞。这一批史学新人，将自己初步研究成果发表在《学术研究》（云南版）上，从而获得了学术自信。

《学术研究》（云南版）还注重对学者之间学术通信的刊登。以书函的形式讨论问题，早在清代就已经是学者之间开展学术交流的一条重要途径了。"传统的书函论学方式与学术期刊紧密结合起来，从而收到了更为显

著的功效。将学者们的讨论书函在现代期刊上公开发表出来，使更多的学者从中有所启示和收获，对学术研究之促进作用甚大。"1963年第11期《学术研究》（云南版）刊登了牙含章与方德昭两位学者之间的学术通信，在学术界产生了较大的反响，无论是知名老学者还是青年学者，都纷纷参与到关于"民族形成问题"的讨论中，取得了大批研究成果，这足以说明学术刊物对于推动学术研究发展，培养青年人才所发挥的重要作用。学者们在这份刊物上针对不同意见展开讨论，在这样的讨论中没有权威学者与年轻学者之分，也没有社会地位的高低之别。《学术研究》（云南版）很好地发挥来了学者间"互通有无"的作用，成为省内外学者进行学术交流的桥梁，培养出一批史学研究人才，很好地推动了云南史学的发展。同时，双方经过来往书信的不断商榷，逐渐将该问题研究清楚，使更多的学术界同仁从中获益。

一方面，20世纪60年代云南史学界的中青两代学者，由于有了《学术研究》（云南版）这一平台，能够发表自己的观点，与其他学者交流，获取当时国内史学研究最新动态。而《学术研究》（云南版）编辑部也不拘一格，刊登当时年轻学者的学术成果，《学术研究》（云南版）的编辑之一是时为云南省哲学社会科学学会的温剑锋，他破例连载《从西双版纳看西周》这一长达10万字的长文，使这一学术成果能够顺利问世，并得到学术界承认，也使该文的年轻作者缪鸾和得到学界的首肯，后其在参加中古史的学术会议之时，还有不少的专家专程到其下榻处去访问交谈。彭英明、徐杰舜两位学者在出版他们的民族理论研究成果——《民族新论》一书时，在后记中回忆："在我们的求学的路上，得到了最先在我国阐述恩格斯关于'从部落发展成了民族'观点的著名学者牙含章先生的鼓励和指点。"1964年11月在云南《学术研究》第6期上发表的《如何区别中国历史上的民族与部族》，对他们的学术研究活动起到激励作用。更为有趣的是，《民族新论》这部关于民族理论的研究成果的序言是由云南大学著名民族理论学家熊锡元教授所撰写，他们在20世纪60年代共同参与了在《学术研究》（云南版）刊物进行的"民族形成问题"大讨论，而在那时他们还只是中、青年学者，可见，是《学术研究》（云南版）将他们联系到了一起，为他们学术友谊的建立起到了重要的媒介作用。他们对当时

"民族形成问题"大讨论的参与，无疑对他们的民族理论研究产生了一定的影响。

另一方面，《学术研究》（云南版）刊物对人才的培养，还体现为学术研究内容的继承和发展。在20世纪50、60年代，在云南掀起了学习马克思主义唯物史观的热潮，云南史学研究在马克思主义史学的指导下，开创了诸多研究领域，被称为20世纪的"五朵金花"。对"五朵金花"的研究花费了当时老中青三代学者的大部分精力，成果显著，当然也存在一些问题。改革开放后，当时的中青两代学者以及后来的年轻学子，在总结前人经验教训基础上，重新开始马克思主义史学研究，取得了超越前人的贡献。如当时的年轻学者谢本书，在改革开放以后，他在云南近代史、辛亥革命史、军阀史研究等领域做出了重要贡献，而熊锡元、尤中、董孟雄、宁超、杜玉亭、陈吕范、林荃、黄惠焜、邹启宇等中、青两代学者，分别在民族理论、中国民族史、西南民族史、云南地方经济史、云南近代史等研究领域取得了令人瞩目的研究成果，为马克思主义史学在云南的发展做出了重要贡献。不仅青年史学工作者文章的发表对繁荣云南史学有一定积极促进作用，而且这一批学人既是这一时期史学工作的建设者也是讨论者，既是参与者也是记录者。不少青年人起步于这片研究园地，并且逐渐由此成长起来，而后成为云南史学研究的中坚力量，更有甚者，以更为丰硕的研究成果，在前人基础上，成为云南史学界重量级人物。

此外，《学术研究》（云南版）刊物所刊登的史学论文，对改革开放后云南史学的发展也产生了较大影响。如1963年，方国瑜先生在《学术研究》（云南版）第9期发表《论中国历史发展的整体性》一文，该文对改革开放后云南史学研究尤其是中国民族史研究产生了极大的影响。这不仅是方国瑜一生史学观念的集中展示，也是"整体性史观"在族别史、地方史、地区民族史、边疆史地的研究中的运用，取得了显著的成果。由此，对方国瑜"整体性史观"的解释著作层出不穷，如木芹的《中华民族历史整体发展论》（民族出版社1995年版），林超民的诸多民族史研究成果都是对方国瑜"整体性史观"的进一步发展和完善，潘先林的《民族史视角下的近代中国论稿》（云南大学出版社2009年版）一书也受到方国瑜"整体性史观"的较大影响。

有学者总结道："新中国 60 年的历史学表明，中国马克思主义史学家在认识、理解和运用唯物史观研究历史方面，经历了两个阶段：1949—1966 年，是唯物史观广泛传播、学习、运用的阶段；1978 年至今，是深入学习、全面理解和更加合理运用的阶段。从中国史研究来说，前一阶段的特点是重新认识中国历史的发展面貌及其规律，后一阶段的特点是深入认识中国历史的发展面貌及其规律。"[1] 改革开放后的云南史学，亦体现了这一发展轨迹。随着十一届三中全会的召开，云南史学研究工作逐渐步入正轨。通过对改革开放初期云南史学研究成果以及《学术研究》（云南版）刊物的中青年学者学术研究成果的考察，我们发现，云南史学研究的大部分内容是在延续新中国成立初期的云南史学研究命题，即以农民起义研究、民族理论与民族史研究、中国经济史（隋唐经济史与地方史）研究、中国近代史研究为重点方向，是在新中国成立初期史学研究基础上的进一步深化和扩展，而这些研究成果的取得与中青两代学者的努力密不可分。

对于广大读者而言，《学术研究》（云南版）的影响是潜移默化的。不少读者通过该刊物了解到史学研究，对其中涉及的历史理论问题及史学理论问题文章进行研究，从而使个人史学理论研究水平获得提升，为日后从事史学研究工作奠定了基础。

（二）史学界信息传播的窗口

《学术研究》（云南版）刊物不仅重视对有价值的学术论文的刊登，也非常重视对当时学术研究动态的报道，几乎每期的《学术研究》（云南版）都有对当时省内的学术状况以及国内学术研究热点、形势的报道，扩大了云南学者的视野，成为云南学者了解国内学术研究动态的重要途径。《学术研究》（云南版）作为当时云南为数不多的学术期刊之一，凭借编者群体对于学术动态的把握，力求在更广泛的读者范围内对史学界的学术研究信息予以报道，为学界与读者之间架起了重要的学术文化沟通桥梁。

---

[1] 瞿林东：《历史学的理论成就与中国史学史研究的发展》，载瞿林东主编《史学理论与史学史学刊》，科学文献出版社，2009 年卷，总第 7 卷，第 2 页。

从创刊到停刊的时间里，《学术研究》（云南版）一共刊登了45条学术动态，包括国内、省内社会科学界的信息，涉及中国古代史分期、中国农民战争的性质等国内热点问题，云南省内各个高校机构的信息动态，例如云南大学教学情况最新的动态、云南省历史研究所成立等新闻信息，以及国内外对于专业问题的关注、热点问题等多个方面的信息，为研究者、读者快速地了解国内外研究情况，提供了一个窗口。这些内容在刊物中的出现，给专业性较高的学术讨论以丰富的点缀。且其提供的信息，譬如中国古代史分期问题、中国农民战争的性质和作用、世界史中心问题、民族形成问题的讨论等，或是关于当时史学界关注的热点，或是史学变革下的时代产物。该刊物对诸如此类史学研究问题的报道，在传递最新学术研究信息的同时，对推动学术交流以及相关史学专业领域发展更是具有一定的纽带性作用。

从这些学术动态中，我们可以了解当时的一些学术活动，了解到作为云南史学界的研究重镇的云南大学，其视野与研究角度已然走在国内研究的前沿。例如对中国古代史分期问题的讨论，当时学界的讨论主要是集中在关于奴隶制与封建制分期的问题上。学界主张的观点有三种：即西周封建说、春秋战国封建说、两汉封建说。三方持不同的观点，从人类历史发展的一般规律出发，进行全面的理论阐述，又运用了大量的史料分析中国历史发展的特点，找出中国历史发展的规律，摆事实，讲道理，使得问题的讨论长时间存在，且比较深入，学术水平有了很大的提高。云南大学历史系也对中国古代史分期问题开展了热烈的讨论，其看法基本上达成一致，同意西周封建说。在不久之后，马曜、缪鸾和的力作《从西双版纳看西周》回应了这个热点议题，这也是云南史学界与全国学术界有力的一次对话，凸显了云南史学界的独特性和前瞻性。

我们还能通过"学术动态"了解云南学术界当时的发展，特别是云南史学界的发展。例如，1961年12月第6期的三则动态中，有一则是关于云大教师结合教学开展学术活动的报道。所谓"教学相长"，由此体现得淋漓尽致。从这一则报道我们也可以了解到，当时云大历史系为了解决专业材料问题，同时也是响应教育部为高等学校有关专业提供参考书的号召，正在组织力量编写《中国少数民族史》一书，该书由江应樑主笔，民族史教研组全体教师参加了这一项工作。这项工作很好地将学术研究与教学工作相结合，也为云大后来民族史的教学奠定了扎实基础。除此之外，当时云大正在进行的研究还有：刘尧民的楚辞研究，张为棋的昭明文选研究，张德光的王船山研究，方国瑜的彝族史研究，卫念祖的位势理论研究，张永立的基本粒子理论研究，朱彦丞、曲仲湘等对云南热带植被资源方面的研究，其研究涵盖了人文社科和自然科学两个方面，显示了云南大学研究实力的深厚。也有对云南史学界的研究作的详细的介绍，1962 年第 1 期的"学术动态"介绍了云南史学界对云南历史各方面的研究情况。例如云南省历史研究所和云南大学历史系合编了《云南冶金史》，已经完成初稿；同时二者对云南近百年历史的一些问题进行了初步探讨。云南省历史研究所和云南大学之间相互合作，组织力量对云南矿冶史的一些重大问题进行专业研究。此外还有云南省内各个机构组织的学术报告会，此类报道多以快讯的形式出现，通讯色彩浓厚，语言简洁，主要围绕举行会议召开的时间、举办单位和会议的主要内容进行一些简短的介绍，这使得《学术研究》（云南版）展示窗口作用更加明显。

"学术动态"的形式较为多样，除了类似于学术信息的传递之外，还有对经典马列主义书籍的介绍，例如介绍列宁的著作《国家与革命》。对经典书籍的介绍以报告会的形式举行，对本书的各个部分作了具体的介绍，使报告会的参加者和读者都能对书籍情况有大致的了解。所介绍的书籍以马列主义经典著作为主，尤其关注其政治意义，这从侧面反映了当时的时代特征。

关于民族形成的问题在《学术研究》（云南版）中掀起了学术对话的热潮，这无疑为此类问题的研究提供了良好的平台。1964 年第 2 期（总第 13 期）社会科学版的"学术动态"对这个问题进行了较好的归纳，既说明了参与讨论的牙含章和熊锡元两位学者各自的观点，表达了各自的学术立场，还将二者的学术对话进行总结，便于读者了解。还在文中介绍了林耀华发表在 1963 年《历史研究》第 2 期中关于"民族"一词最新的使用和翻译问题的文章，将民族形成问题的最新研究展示，加深了读者对于此问题的认识，进一步激起研究者的研究兴趣。

"学术动态"给云南史学研究传递的学术信息是有重要价值的，它抓住了当时史学研究的热点性和前沿性问题,关注时代发展与变革,促进了学界对于专题问题研究与讨论。

"学术动态"中还有唯一一则考古发现——《昭通后海子发现东晋壁画墓》,报道了最新在昭通发现的东晋年间的壁画墓,该壁画墓保存比较完好,色彩也较为清晰,内容丰富,还保留有墨书铭记与红字。这是在云南省首次发现有确切纪念目的且题材较为丰富的东晋壁画墓,根据留有的文字,墓主人姓霍字承嗣,霍姓乃是"南中大姓"之一,这为日后这方面的研究提供了考古的实物资料。而壁画墓反映的内容为对东晋时期的社会生活、政治制度、服饰、建筑等多方面的研究提供了佐证,对相关史学问题的探讨及考古研究不无裨益。

"学术动态"反映的多元化信息为历史学的研究提供更多的考量,加之其在《学术研究》(云南版)这样专业性的刊物中刊登,这些信息受到更多学者的青睐,种种优势,为云南的史学研究打开了新的窗口。

(三)研究方法的与时俱进

在新中国成立之后,"劳动人民是历史的主人"这一马克思史学的核心要义得到多数研究者认同,在这一时期的历史研究中,除去研究视角和研究理论的变化,还有一个较为明显的变化体现在研究方法上。研究者大多从"埋首故纸堆"转向田野,通过实地调查以获取普通民众的史料,成为撰写劳动人民历史的重要途径。并且在这一时期,研究者通过田野调查,获得了很多难能可贵的资料,这些材料成为历史研究的重要史料,对于当时的热点研究问题,如中国农民战争史、中国近现代史、民族形成问题的讨论提供了很大的帮助,而在《学术研究》(云南版)发表的很多文章中,体现了对这一方法的尝试。

新中国成立后,历史学盛行的唯物史观将劳动人民视为历史的主人的观念得到普及和强化,历史研究的主体内容与价值取向,与民国时期的史学相比,也有了很大的改变。这一时期对于"五朵金花"的关注,使得历史学科将关注的重心引向民众,历史研究突破了以往的"帝王将相"的叙事,人民的历史得到极大关注。中国近现代史的研究方面,由于历史发生时间较近，不少的史料保存较为完好，只是需要通过调查，将其发掘出来，还原历史的真实性。众所周知，毛泽东同志对社会调查历来也是相当重视，曾提出过"没有调查就没有发言权"的论断，认为"没有眼睛向下看的兴趣和决心，是一辈子也不会真正懂得中国的事情的"。正是在其直接推动下，中国少数民族历史调查于1956年至1964年得以开展，调查人员运用民族学知识进行了较大规模的调查研究，并且取得了重要成绩。中国民族学家在少数民族社会历史调查中，创造了与调查对象同吃同住同劳动的"三同"调查模式，在此期间，收集和整理了一批民间文献，还通过采访、访谈等方式记录历史。研究者们在调查中特别注意发掘传统史学较为忽略的史料，如契约文书、家谱、志书、文集、账簿、碑刻等文字材料，或者以社会调查所得到的反映前代事件、人物的口述资料、传说、民俗等资料，以此研究历史。

曾投身回民起义调查的马长寿就指出："事实证明，对于近百年来我国的历史，通过调查方法，是可以解决一部分或大部分问题的。""为了纠正史料的谬误并进一步全面而深入地了解事实的真象，历史调查就成为刻不容缓的工作。"[①] 而在《学术研究》（云南版）发表的《谈谈关于杜文秀的几件史料》一文中，采用了一些口述史和民间文献的资料进行印证，以此证明杜文秀起义的真实性，以及并没有建立所谓"独立国"和投靠英国侵略者的行为。本文作者李青的曾祖父和五伯父都曾跟随杜文秀参与了起义，其口述史的内容有一定的真实性。这篇文章成文于当时史学界对回族的历史和革命斗争史的积极研究中，对杜文秀的评价问题也处在热烈的讨论中，李青将自己掌握的一点资料提供出来，作为杜文秀问题研究的参考资料。根据李青的五伯父李富的回忆："杜元帅（杜文秀）29岁就挂帅，死时才40多岁。"李富的父亲和李青的曾祖父在清咸丰六年一起逃出昆明。同行的还有马观政（敏斋）、马能等18家（据说此时全国回民只有18家逃脱）。之后其曾祖父和五伯父在清咸丰九年（1859年）就投往大理参加了起义军。杜文秀起义失败后，他们又逃回昆明。李青的五伯父在1961

[①] 马长寿：《同治年间陕西回民起义历史调查记录序言》，《西北大学学报》1957年第4期。

年3月8日去世，享年61岁。根据这段信息，可知李青所记录的事情有一定可信性，毕竟其曾祖和五伯父都是历史的亲历者，其口述内容有一定史料价值。关于杜文秀的问题，在后来的史料当中也得到相互印证。

在清朝咸同年间领导"卡堕族"（哈尼族支系之一）人民起义的领袖田四浪，似乎就不那么为人所知了，甚至连他的真实姓名都较少有人知晓。而在《学术研究》（云南版）1963年第7期中庄乙志发表的《关于田四浪的真名及其它》一文中，就通过收集民间文献资料并考证，让更多的人知道这段历史和这个历史人物。这篇短文，是作者在1962年9月参加墨江县文教部门组织的对田四浪起义的历史调查后写成的。这次调查主要集中在田四浪生前的活动地——墨江县境内的他郎、通关哨、景星街、塘上街以及他的故乡新抚凹壁寨一带，作者收集到了大量的口头和文献资料。尤其是《九甲遭难事实录》和《醒恶篇》两本书的史料价值较高，文章的很多引用也出自这两本书。根据调查获得的资料，作者首先辨析了"田四浪"的真实姓名，作者在田四浪家乡凹壁下寨一草丛中发现了田四浪祖辈的坟墓两座，其中碑文刊刻"田以正"之名，而《九甲遭难事实录》中说"田四浪"本名"田政"。对当地哈尼族老人的访谈中获知，田四浪兄弟四人，他排行第四，小名田四，真名田以正。三份材料结合，可知田四浪真正的姓名应该为田以正，其祖坟上的记载是准确的。而关于田四浪的卒年，学界是认为是在清同治九年（1870年），从调查获得的资料看，这一看法是不准确的。《九甲遭难事实录》是田四浪同乡邑庠生许鸣端所著，记载了他于同治八年（1869年）八月廿四日辰被捕，不久即英勇牺牲。著者作为其同乡，其记录应该更为准确。这篇文章应该是开展历史调查以来具有代表性的佳作，在一定程度上，通过辨析、考证等历史学传统研究方法，对于历史人物的事实不清之处加以考证，并且拿出实际证据，说明历史记载有误，并希望根据这次的调查结果，将"田四浪"的本名田以正写进历史，恢复其名誉。

《辛亥革命在云南的片段》一文是由李鸿祥口述，林荃整理的一篇关于辛亥革命在云南发生情况的口述史资料，作者之一李鸿祥就是当初追随蔡锷、唐继尧参加过云南重九起义革命的老人。李鸿祥详细回忆了起义当时的一些细节情况，原本定于10月30日（农历九月初九）午夜进行起义，因为在北校场搬运械弹时发生冲突，起义提前。李鸿祥率队斩关入城，在谢汝翼、李根源等协助下攻占了军械局，又经过几个小时的攻打，才把五华山攻占下来，辛亥重九起义宣告成功。而重九起义，也是在武昌起义影响下，云南地区反抗清政府的统治的一场革命起义。李鸿祥作为事件的亲身经历者，其口述的内容为当时的起义提供了细节性的资料，为重九起义增添了详细的记录。相关文章是在1961年云南纪念辛亥革命50周年活动之际，为了响应云南省委第一书记阎红彦"提供历史资料教育后代"的倡议根据口述资料而写成的，在此之后，《增补云南辛亥革命回忆录》等资料在此基础上写成。李鸿祥在病重期间，嘱托家人将辛亥革命纪念文物29件（包括留学日本士官学校毕业时日本天皇赠送的礼刀1把）赠送给云南省博物馆，使得文物得到妥善保存，也给更多的民众看到革命文物的机会。这些关于辛亥革命的历史资料，为云南学界对于辛亥革命的研究提供了较大的补充，同时也是对口述史资料的利用，使得学者更加注重对口述史资料的保存，为后人的研究提供了难能可贵的研究资料。

  《学术研究》（云南版）对于史学研究方法的与时俱进，是值得肯定的，也突出了该刊物的超前意识以及前沿性的特点。重视历史调查的理念与实践，使得云南历史研究呈现了颇具特色的一面，隐藏在民间的历史文献被有效地发掘，并受到广泛重视，成为历史书写的重要史料依据。而这些材料的获取从现如今看，也带有一定的抢救性质，随着后来调查对象的故去，"政治运动"的开展，很多资料与人物已经不复存在，时过境迁之后，更见这一批调查资料的价值所在。

六、时代局限

作为人们了解20世纪60年代云南学术研究水平的一个重要窗口,《学术研究》(云南版)在向我们展示了当时云南学术界所取得的学术成就的同时,也暴露了史学研究存在的问题,这些问题是一个时代的烙印。

众所周知,新中国成立之初,尤其是20世纪50、60年代,介绍和学习苏联史学理论和方法,成为当时中国史学家和广大史学工作者掌握和运用唯物史观的重要方式,这对唯物史观在中国的确立具有重要的推动作用,但毋庸讳言,中国史学界在学习、运用唯物史观的过程中出现教条主义僵化模式和不良倾向,对中国史学发展产生了消极的影响,以致有学者评论道,20世纪50、60年代的史学"与政治、阶级斗争紧密结合,以至于历史学沦落为政治的附庸和工具"。"学术研究不再单纯是学者或研究机构的独立行为,而成了国家整体工作的一部分,受到特别重视和制约","研究什么,怎么研究,学术成果评价等都由党政部门决定"。由《学术研究》(云南版)所刊登的史学论文,我们同样可以看出这一时期云南史学研究与政治之间的密切联系。

学者们的研究成果大部分是在国家政策或形势影响下进行。由此看起来,"五朵金花"命题的研究几乎都与当时的时代主题相通。20世纪50年代在云南进行的民族调查工作以及在民族调查资料基础上取得的民族研究成果、对少数民族社会性质及所处社会阶段的论证、对古史分期问题讨论的参与、对农民战争史的研究和对民族形成问题的讨论等等,都体现了鲜明的意识形态色彩。对李定国起义的研究,虽是由南京大学校长郭影秋倡导,但是在云南省委宣传部的支持和组织下,才由云南省民族研究所和云南省历史研究所、云南大学历史系、昆明师范学院历史系、云南省文史馆、云南省博物馆、云南省图书馆等几个单位共同筹办。尔后,云南省民族研究所和历史研究所分别派人到贵州、广西、湖南收集有关李定国的资料,另一些人去云南省图书馆查阅南明史籍,编出一本参考书目,再有一部分人撰写内容提要。可以想见，如此大规模的对李定国的调查研究，如果没有政府有效组织，是很难开展起来的。云南省委宣传部组织的纪念李定国逝世三百周年的学术活动，对推动杜文秀起义的研究起到了巨大作用，但另一方面由于政府对农民起义一味"肯定"，对史学工作者们客观看待李定国起义产生了影响，翻阅《学术研究》（云南版）刊登的这组纪念李定国的文章，几乎都是一片"叫好"之声。可见，政府或当时的政治环境在推动或指引云南史学研究方向上所起到的作用和影响是无法估量的。

由于处于对马克思主义唯物史观的学习阶段，这一时期的马克思主义史学研究较为生硬，教条主义、观点绝对化现象较为严重。如马克思主义史学观点认为人类的社会发展分为五个阶段——原始公社、奴隶社会、封建社会、资本主义社会、社会主义社会（包括共产主义社会），因此，为了论证中国也同样经历了这五个阶段，史学工作者们使尽浑身解数去证明这个普遍真理。毋庸置疑，这些研究的成果花费了大批学者的心血，具有一定的学术价值，但另一方面也被认为是"填表式的自我束缚"。在云南，由于有着丰富的"活化石"——社会发展落后的少数民族史料，这为史学工作者们论证中国同样经历了奴隶社会阶段提供了"有力的证据"，受国内学术环境的影响，云南学术界对于存在"奴隶社会"几乎是毫无异议的，因此学者们对封建社会分期问题讨论的参与，大都致力于采用少数民族的调查资料对"奴隶社会"与"封建社会"分期及其各自的社会形态表现进行介绍和论证。在"民族形成问题"讨论上，云南史学研究的教条主义问题表现得更为突出。《学术研究》（云南版）上所刊登的"汉民族形成问题"讨论相关论文，大部分都是学者对马克思、恩格斯经典著作的解读，很少有从中国的实际民族问题出发取得的研究成果，这也成为一些学者批评"五朵金花"实为"五朵病梅"的一个重要原因之一。

史学研究深受"政治运动"影响，尤其是在1964年后，知识分子经历了一系列"政治运动"，很多学者生怕因为学术问题而被扣上"反革命""资产阶级学术权威"等帽子。在这样的背景下进行的学术论战，"究竟有多少建设性仍可以讨论，但至少可以说这些论战的意识形态意义远大于学术意义"，"而且，当时有些论战简直可以说就是政治理论论战，遂自然演化为比较重大的意识形态事件"①。1964年第6期的《学术研究》（云南版）上发表的几篇"大批判"文章，反映了当时云南的一些学者已经感受到"山雨欲来"的理论论战已经演变为"意识形态斗争"的形势。最典型的有刘西芳的《李秀成是一个道地的革命叛徒——评〈李秀成自述〉》和江应樑的《〈李秀成自述〉是投降书》。1963年，《历史研究》发表了戚本禹的《评李秀成自述——并与罗尔纲、梁岵庐、吕集义等先生商榷》一文，文章根据李秀成自述，一改以前视李秀成为革命英雄的观点，判定他是"认贼作父"的叛徒。文章发表后，在全国引起了巨大争论。毛泽东读了《李秀成自述》后，批了几行字："白纸黑字，铁证如山，晚节不忠，不足为训。"② 鲜明地表示了对戚本禹文章的肯定。由此，对李秀成的学术探讨很快升级为阶级斗争，对戚本禹文章持不同观点的学者被扣上了种种政治帽子。自戚本禹文章的发表起，对李秀成的评价从完全肯定转而变为"意识形态"味道极重的完全否定，学者们纷纷在各类学术刊物和报纸发表对李秀成的相关评论文章，在短短7个月内（自戚本禹文章发表至1964年12月）就发表了近200多篇评论文章，对《李秀成自述》的评价态度被作为时人评判学者本身的政治态度的依据。刘西芳和江应樑两位学者，此前均为涉及李秀成及其相关领域的研究，但在当时紧张的政治形势下，仓促写成《李秀成是一个道地的革命叛徒——评〈李秀成自述〉》和《〈李秀成自述〉是投降书》两篇文章，以表明自己坚定的政治立场和态度，然而，"文化大革命"一开始，江应樑还是没有摆脱被当作"牛鬼蛇神"的境地，度过了他艰难而痛苦的8年时光。这些大批判文章的发表，表明"阶级斗争运动"对云南的学术研究的影响越来越大，正常的学术研究活动很难开展，这些情况都使《学术研究》（云南版）不得不停办。

---

① 王学典：《近50年的中国历史学》，载王学典等编《二十世纪中国史学史论》，北京大学出版社2010年版，第193页。
② 李松晨、唐合俭主编：《"文化大革命"记实录》（上），当代中国出版社2004年版，第377页。

七、述往思来，向史而新

近几年来学术界已经关注到了学术期刊与学术发展之的密切关系，对此讨论的话题越来越多了。在讨论中，不少的人认为，学术期刊不仅仅只是"被动"地展示现有学术成果的窗口，也应该成为学术讨论的重要平台，尤其是在当前学风建设亟待各方面力量进行综合治理的关键时期，学术期刊应该发挥自己更强大的力量。

回顾历史，新中国成立以后，很多宣传马克思唯物主义史观的学术期刊出现，很好地宣传了马克思主义思想在新中国的传播。这些学术期刊紧跟时代前进步伐以及不同时期哲学社会科学研究的任务与重点，刊发了一批有较大影响的学术成果，培养了唯物主义史观下新中国自己的历史学者。同时，在学术思想发生转变的重要时期，与以往中国古代史学思想截然不同的新思想，在史学界也引起了不少的争鸣与讨论，历史学科的发展就是在这样的探讨之中前进的。《学术研究》（云南版）就是这一时期非常典型的学术刊物。

《学术研究》（云南版）为云南学术界提供了一个面向全国的发声平台，学者们在此发表自己的学术见解，畅谈自己的学术理论，并在面对问题时，以书信往来阐述自己的学术观点。在该刊物上讨论的，大多都是当时史学界的热点问题，由此也引发了全国学术界的关注，使得云南史学界声名大噪；也推动了云南学术界的繁荣，培养了一批年轻的史学工作者，使得云南史学发展能够"薪火相传"。

现在回顾《学术研究》（云南版）的发展历程，我们一方面感慨云南当时史学界的大师云集，学术之繁荣；另一方面，也重新审视学术发展与学术期刊之间的关系。当前，中国学术话语体系的发展状况说明，学术话语创新与体系化建设必须深刻反映中国的时代特征。我们正处于时代创新与思想建构紧密结合的关键时期，学术思想的发声应该注重把握时代发展的气息。从现实来看，只有坚持走高质量发展道路，学术期刊才能行稳致远，才能有长久生命力与持续影响力。学术期刊的生命力与影响力在于能够源源不断刊发引领学术创新与学术发展的前沿原创性成果，这需要学术期刊主编、编辑有敏锐的洞察力，以及研究者有清醒的认识，紧守学术道德底线，坚持高质量发展这一目标，多管齐下地推动学术期刊高质量发展。并且充分利用好现有的各种学术咨询平台，积极筹办或者参与学术研讨会或沙龙，促进学者之间的相互交流，通过组织一些专题前沿研讨，将其中的精华尤其是具有学术论辩价值的议题刊发出来，引起学界参与讨论，促进学术长足进步。

各学术期刊必须毫不动摇地坚持马克思主义在学术期刊建设中的指导地位，坚持办刊宗旨，贯彻落实"百花齐放，百家争鸣"的方针，"坚守初心，引领创新"，刊发有重大理论创新与实践创新的原创性学术成果，决不因任何非学术因素就放松学术标准与学术质量。一个国家学术期刊的水平反映了其理论创新和学术科研的水平，是国家科技竞争力和文化软实力的重要标志。因此，我们要加强学术期刊建设，推动学术期刊繁荣，构筑中国精神、中国价值、中国力量。

附录一：《学术研究》（云南版）图片资料

《学术研究》（云南版）1961年创刊号封面

《学术研究》(云南版) 1961年创刊号封底

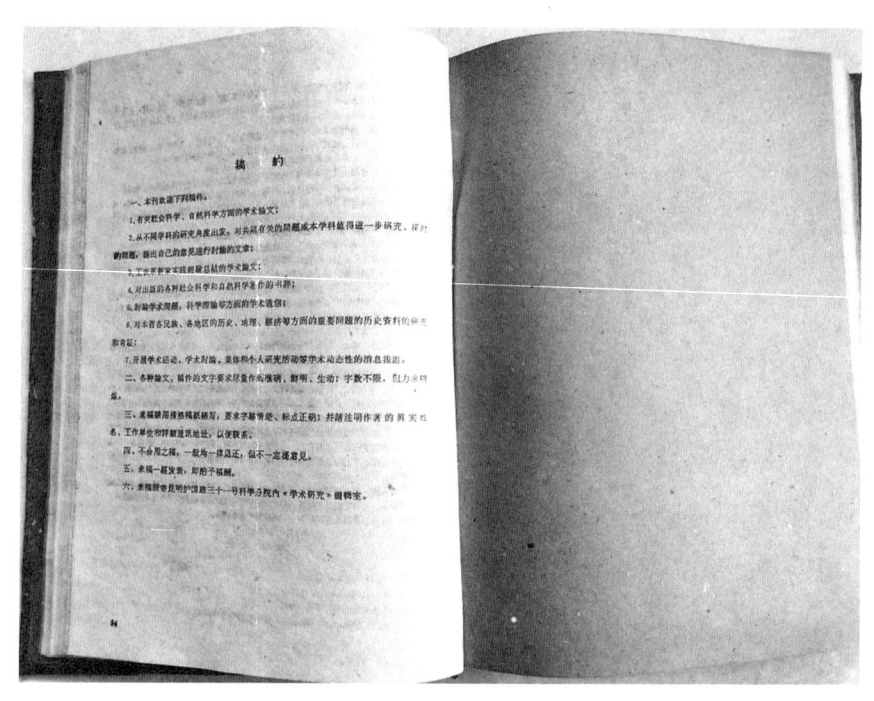

《学术研究》(云南版)1961年创刊号中的"稿约"

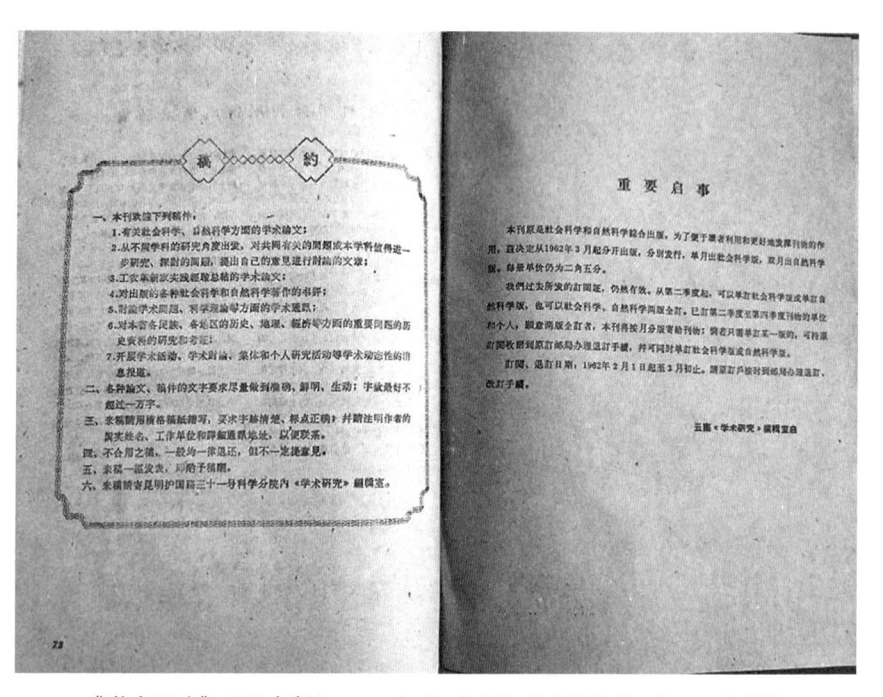

《学术研究》(云南版)1962年分刊时的"稿约"与"重要启事"

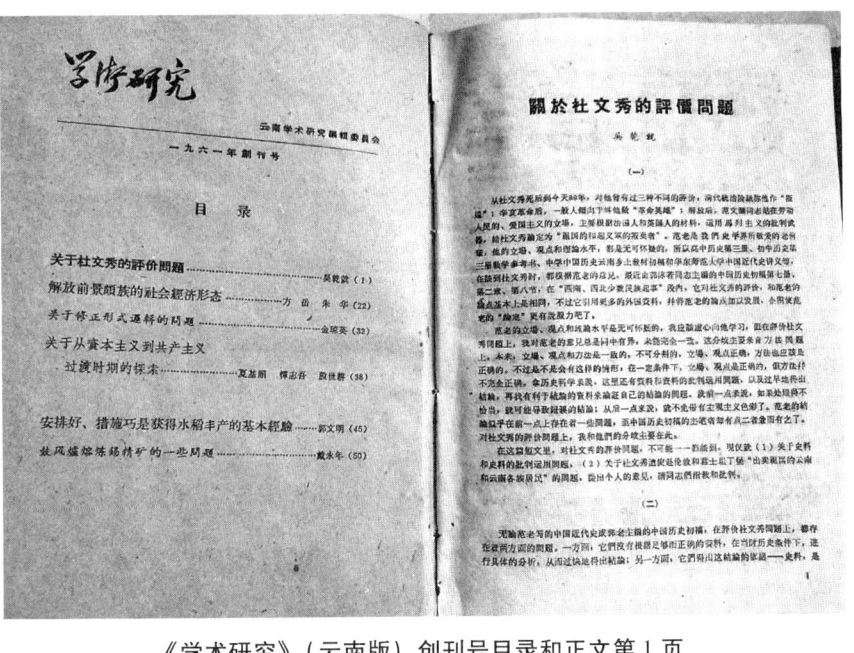

《学术研究》（云南版）创刊号目录和正文第 1 页

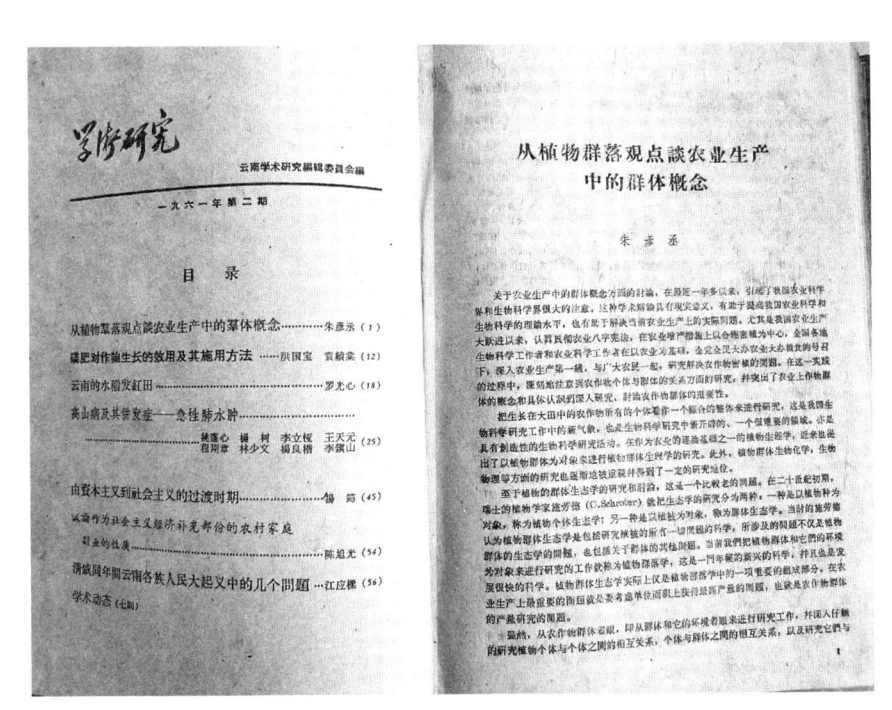

《学术研究》（云南版）1961 年第 2 期目录和正文第 1 页

江应樑在《学术研究》（云南版）中发表的文章之一

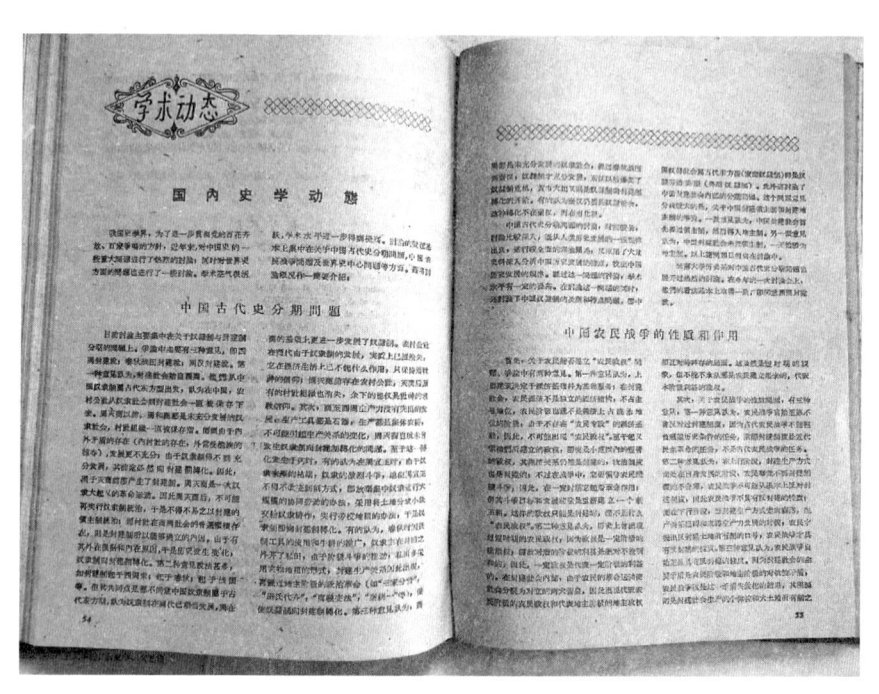

《学术研究》（云南版）中的"学术动态"栏目

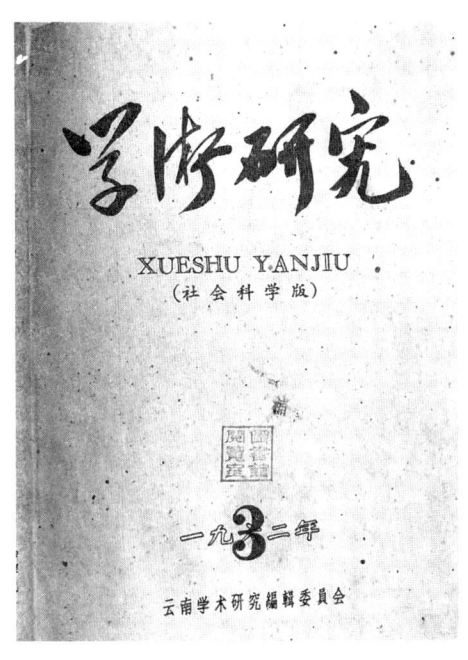

《学术研究》(云南版)在1962年第3期分刊后,社会科学版的封面

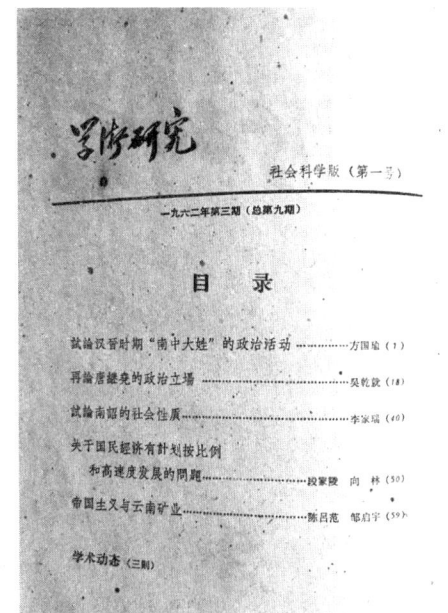

《学术研究》(云南版)在1962年第3期分刊后,社会科学版的目录

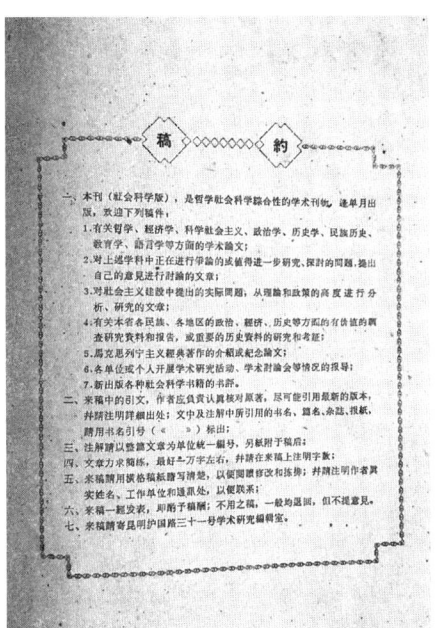

《学术研究》(云南版)在1962年第3期分刊后,社会科学版的"稿约"

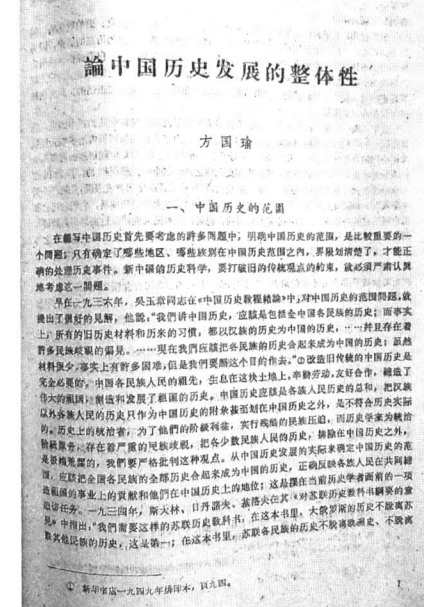

《学术研究》(云南版)1963年第9期(总第27期)社会科学版第5号(总第10号)发表方国瑜文章《论中国历史发展的整体性》

1964 年第 1 期（总第 12 期）社会科学版目录和正文第 1 页

《学术研究》（云南版）1964 年"停刊启事"

附录二：《学术研究》（云南版）目录总集

1961 年 7 月内部刊物创刊号
关于杜文秀的评价问题　吴乾就
解放前景颇族的社会经济形态　方岳　朱华
关于修正形式逻辑的问题　金琼英
关于从资本主义到共产主义——过渡时期的探索　夏基照　恽忐吾　殷世耕
安排好、措施巧是获得水稻丰产的基本经验　郭文明
鼓风炉熔炼锡精矿的一些问题　戴永年

1961 年 8 月内部刊物第 2 期
从植物群落观点谈农业生产中的群体概念　朱彦丞
磷肥对作物生长的效用及其施用方法　洪国宝　袁绩棠
云南的水稻发红田　罗光心
高山病及其并发症——急性肺水肿　姚蓬心　杨树　李立恒　王天元　程期章　林少文　杨良楷　李镇山
由资本主义到社会主义的过渡时期　扬筠
试论作为社会主义经济补充部分的农村家庭副业的性质　陈旭光
清咸同年间云南各族人民大起义中的几个问题　江应樑
学术动态（七则）
各全国性学会纷纷制定学术活动计划（摘自全国科协"科协动态"）
地质学会举行滇东煤田地质学术报告讨论会　楚衡理
昆明师范学院大大开展学术活动（昆明师范学院学术研究委员会办公室供稿）
云南大学讨论封建社会农民战争问题　李英华

1961年9月内部刊物第3期

驳斥帝国主义分子对白族古代史几个问题的篡窃　方岳　王方

略论我国当前社会主义社会的质的规定性　扬筠

大理政权是农民革命政权——与江应樑先生商榷　林荃　宁超

植物群落学在为农业服务中得到了发展（兼对"植物群体概念"提出讨论）　曲仲湘

药室爆破中药室合理位置的初步探讨　周昌达

学术动态（三则）

云大教师结合教学开展学术活动（云南大学科研办公室供稿）

关于"心理学中认识过程体系问题"的讨论（昆明师院学术研究委员会供稿）

省畜牧兽医学会讨论"家畜远缘杂变"问题　王维彤　王麟霞

1961年10月内部刊物第4期

农业生产中作物群体发展的生态概念　诸宝楚

机械运动中的突发现象　屈维德

论湿法冶金过程中钴锰分离的问题　刘纯鹏

试从天文名词释义方面争鸣——为传播科学知识和贯彻百家争鸣扫清道路　陈展云

关于解放前景颇族社会性质问题的探讨——与方岳、朱华同志商榷　杜国林

记1941年边疆基诺人的起义　谢本书

学术动态（四则）

全国病理生理学术座谈会探讨魏尔啸细胞病理学说和病因学等问题（据1961年9月13日文汇报报道）

云南省地下水形成和分布规律的讨论　楚衡理

省农机学会举行插秧机学术讨论会　李龙璋

对哲学根本问题的讨论

学术通讯（一则）（民族研究所供稿）

1961 年 11 月内部刊物第 5 期

从政治立场评价唐继尧　吴乾就

辛亥革命前帝国主义对云南的经济侵略　董孟雄

谈谈关于杜文秀的几件史料　李青

试论云南中部含硝盐卤相律法提硝制盐问题　路纪欧

山毛榉科植物（橡子）有用物质分布规律的探讨　周俊　木全章　冯国楣　翟苹

学术动态（四则）

国内史学动态：中国古代史分期问题

中国农民战争的性质和作用

世界史中心问题（云南历史研究所整理）

云南大学开展辛亥革命在云南诸问题的研究（云大历史系通讯）

首都机械工程学术界：研讨机床内部矛盾运动规律（原载《北京日报》，本刊略有删节）

艺术剧场改建建筑设计方案的讨论（云南省土木建筑学会）

1961 年 12 月内部刊物第 6 期

铜钴矿还原熔炼的热力学分析　刘纯鹏

高稳定度直流稳压器　郑苏民

一类蜕缩双曲型方程的奇性哥西问题　杨光俊　卢孔昭

云南大地结构基本特征的初步探讨　邓家藩

从考古材料看古代云南和祖国各地的经济文化联系　林声

关于大理政权的性质问题——与林荃、宁超同志商榷　吴显明

辛亥革命在云南的片段　李鸿祥口述　林荃整理

学术动态（三则）

国外学术界关于农作物群体若干问题的争论

防治金钢钴研究（省农业厅经作局植保组供稿）

关于教学原则问题的讨论（师院供稿）

1962 年第 1 期（总第 7 期）

论思维对存在关系是全部哲学的最高问题　沈琪

略谈从资本主义到共产主义的过渡时期　李启佑

元明时期云南矿冶发展概况　宁超

南诏以来云南的天竺僧人　李家瑞

针灸治疗疾病机制的探讨　孙建毅

压力对于中性原子吸收光谱谱线的影响　张永立

学术动态（三则）

云南大学学术研究报道　欧应钦　吴秉诚

我省展开对云南历史各方面的研究　林荃

电机学会开展雷电学术讨论　李龙璋

1962 年第 2 期（总第 8 期）

摩尔根学派与米丘林学派的根本分歧在那里？　郭文明

试论社会主义的建筑风格　何立燕

宣威县丘陵半山区旱地土壤肥力类型的初步研究　叶惠民　李正英　崔茂坤　杨宗藩

锡的还原熔炼和渣型的分析　戴永年

休克发病机制中的某些新进展　刘超然

略论社会主义的产品与商品——对社会主义经济从产品分析着手的一些简单想法　戴锺珩

杜文秀初期活动的性质及其起义的直接原因——兼与吴乾就先生商榷　林荃

学术动态（二则）

云南省史学界讨论白族来源等问题（云南民族研究所供稿）

我省哲学社会科学学会正式成立——历史学会筹备工作正在积极进行

1962 年第 3 期（总第 9 期）社会科学版（第 1 号）

试论汉晋时期"南中大姓"的政治活动　方国瑜

再论唐继尧的政治立场　吴乾就

试论南诏的社会性质　李家瑞

关于国民经济有计划按比例和高速发展问题　段家陵　向林

帝国主义与云南矿业　陈吕范　邹启宇

学术动态（三则）

《历代舆地图》中的西南部分正重编改绘　尤中　文传洋

云南大学即将出版《学术论文集》（云大科研办公室供稿）

云南学术界邀请哲学家关峰等同志举行座谈会

1962 年第 5 期（总第 11 期）社会科学版（第 2 号）

彝族的主要源流——唐代滇西乌蛮中的顺蛮、南诏、磨弥、罗件及仲牟由　刘尧汉

"南诏社会性质"质疑　尤中

清代前期云南矿业的兴盛与衰落　张煜荣

再谈从资本主义到社会主义的过渡时期　扬筠

关于按劳分配的几个问题　车德良

梅花、元宝和马——读《武则天》札记三则

南诏拓东城的地点究竟在那里？　李家瑞

学术动态（二则）

云南历史研究所调查研究周云祥起义的若干问题　萧泉

我省史学界对南诏社会性质的看法　文传洋

1962 年第 7 期（总第 13 期）社会科学版（第 3 号）

论李定国坚持西南抗清斗争的历史作用　郭影秋

纪念民族英雄李定国逝世三百年　侯方岳

对《彝族的主要源流》的商榷　杜玉亭

思维的形式与内容的关系　金琼英

关于社会主义制度下级差地租产生的原因　陈士奎　冯岗

关于个旧大锡的产量和出口量问题——1909 年至 1937 年个旧锡业研究之一　陈吕范　邹启宇

学术动态（三则）

云南史学界积极筹备纪念李定国逝世三百周年　宁超
省财贸干校关于商品分配问题的讨论　薛范畴
我省哲学社会科学学会活动简况（学会办公室供稿）

1962年第9期（总第15期）社会科学版（第4号）
纪念民族英雄李定国逝世三百周年
晚明时期云南的反明斗争到反清运动　方国瑜
李定国与少数民族　江应樑
从李定国到吴三桂　李家瑞
列宁关于无产阶级专政的历史作用　温茂芬
关于按劳分配与资产阶级法权的几个问题　顾宗枨
从回民起义到大理政权　文传洋
学术动态（二则）
我省史学界纪念李定国逝世三百周年　严汝娴
我省经济学界讨论"按劳分配与资产阶级法权的关系"　刘敏江

1962年第11期（总第17期）社会科学版（第5号）
试论部分质变的性质　林云
对于部分质变问题的一些意见　扬筠
关于按劳分配与资产阶级法权的关系问题——学习《哥达纲领批判》的体会　刘敏江　文传洋
汉宋间云南冶金业　李述方
论南明时期的"联明抗清"斗争　吴乾就
有关李定国史料札记二则　易问耕
李定国联明抗清时期的几件文物　孙太初
南诏几个城址的考察　林声
学术动态（一则）
我省哲学界讨论部分质变问题　普兴林

1963 年第 1 期（总第 19 期）社会科学版（第 6 号）

从西双版纳看西周——为庆祝西双版纳傣族自治州建州十周年而作　马曜　缪鸾和

再谈从资本主义到共产主义的过渡时期——学习八届十中全会公报的一点体会　夏基照　殷世耕

也论部分质变　伍坚

论中国旧历行用年代悠久的原因和辛亥革命后改用阳历的必然性　陈展云

说南诏出兵西川并非为了掠夺奴隶　董绍禹

解放前凉山的奴隶市场　洲心

学术动态　我省语言学界举行了学术报告会

1963 年第 3 期（总第 21 期）社会科学版第 2 号（总第 7 号）

白族及大理古代文化的来源　徐嘉瑞

从西双版纳看西周（续）——为庆祝西双版纳傣族自治州建州十周年而作　马曜　缪鸾和

关于劳动的二重性的问题　戴钟珩

关于清代前期云南矿冶业的资本主义萌芽问题——兼与黎澍、尚钺两同志商榷　张煜荣

从考古材料看云南冶金业的早期历史　林声

《流寇志》与《平寇志》　谢伏琛　方福仁

评《解放前凉山的奴隶市场》（中国科学院民族研究所云南民族调查组供稿）

1963 年第 5 期（总第 23 期）社会科学版第 3 号（总第 8 号）

略论云南土司制度　江应樑

从西双版纳看西周（续完）——为庆祝西双版纳傣族自治州建州十周年而作　马曜　缪鸾和

布朗族的家族公社和农村公社　颜思久

《庄子补正》跋　张德光

云南古代画象石刻内容考　孙太初

1963 年第 7 期（总第 25 期）社会科学版第 4 号（总第 9 号）
关于民族和民族形成问题的一些意见　方德昭
关于量变和质变的相互关系问题　民牛
评《试论部分质变的性质》　伍坚
也谈形式逻辑的对象和研究方法——兼同金琼英先生商榷　伍雄武
元代云南的土官制度　杜玉亭
李贽离滇的年代及其在滇时期的一些活动　砚孙　乘潮
楚辞声韵与湖北民谣　徐嘉瑞
读《蛮书校注》札记　李家瑞
关于田四浪的真名及其它　庄乙志
学术动态　我省哲学社会科学学会举行学术报告会：介绍列宁的伟大著作《国家与革命》

1963 年第 9 期（总第 27 期）社会科学版第 5 号（总第 10 号）
论中国历史发展的整体性　方国瑜
解放前傣族的农村公社及其与封建领主制的关系　韩魏
龙崇拜的起源　李埏
列宁反对经济派的斗争——学习《怎么了》一书　马啸原
两宋的行　戴静华
云南边疆山区民族的原始宗教　宋恩常
学术动态　云南省历史学会正式成立、昭通后海子发现东晋壁画墓

1963 年第 11 期（总第 29 期）社会科学版第 6 号（总第 11 号）
《离骚》的组织　徐嘉瑞
傣族古代奴隶制初探　黄宝璠
麓川的兴起及其社会性质试探　郑镇峰
凯恩斯主义批判　赵崇龄
学术通信　关于民族形成问题的讨论：致方德昭同志　覆牙含章同志

昆明方言词汇考　易问耕

《蛮书校注》订伪

"吊鸟山"考　穆药

释"鸟啄"　陈松年

1964 年第 1 期（总第 12 期）社会科学版

反对现代修正主义　研究当代革命问题

关于民族和民族共同体的几个问题——兼与牙含章同志和方德昭同志商榷　杨堃

论原始民族——并与方德昭同志商榷　施正一

向牙含章、方德昭二同志请教（读者来信）　杨毓才

必要劳动与剩余劳动　戴钟玠

古代傣族奴隶制及其上下限之探讨　黄惠焜

试论云南土司制度研究中的几个问题——兼见教于江应樑先生　杜玉亭

1964 年第 2 期（总第 13 期）社会科学版

对"民族学"的质疑——向杨堃先生请教　史进

民族形成问题探讨　熊锡元

试论云南边疆山区民族的原始艺术　宋恩常

关于列宁的《国家与革命》（经典著作介绍）　段家陵

孙髯翁的生卒年代及其著述　易问耕

学术动态　关于民族形成问题的讨论、云南省教育学会成立

1964 年第 3 期（总第 14 期）社会科学版（双月刊）

被"蹲点"的哲学　沈淇

关于"民族形成问题"的一些意见——并与杨堃先生商榷　浩帆

关于摩尔根的原始社会史分期法的重新估价问题　杨堃

从《人间词话》看王国维的美学思想实质　张文勋

论批判地继承傣族传统长诗　云南大学中文系少数民族语言文学教研

室讨论　朱宜初

也谈土司制度研究中的几个问题——兼向杜玉亭同志请教　张永国

略谈龙的始作者和模特儿　刘城淮

学术动态　云南大学举行学术论文报告会（摘自《云南大学校刊》第194期）、云南省哲学学会举行学术讨论会、云南省经济学学会举行学术报告会

1964 年第 4 期（总第 15 期）社会科学版（双月刊）

关于《招魂》的若干问题　刘尧民

批判实用主义的真理论

对学术进行奖惩的心理分析　卢濬

关于民族形成问题的一些意见　岑家梧　蔡仲淑

论现代民族——兼与杨堃先生商榷　方仁

试论原始社会史的分期法问题　杨堃

独龙族的家庭公社及其解体　宋恩常

学术动态　云南省经济学会召开学习经典著作座谈会、省委党校讨论《桌子的哲学》

1964 年第 5 期（总第 16 期）社会科学版（双月刊）

实践和认识是在矛盾中向前发展的——谈桌子的观念和实践的关系　杨越

不能否认人的自觉能动性　民牛

简论"土司制度"　尤中

不能否定古代民族　文传洋

使用语言的环境　王德春

神话的起源及其与宗教的关系　袁珂

关于我国历史上的和亲问题　梁多俊

学术动态　省委党校开展关于"一分为二"和"合二而一"问题的讨论、我省哲学界讨论"一分为二"与"合二而一"

1964 年第 6 期（总第 17 期）社会科学版（双月刊）

两种世界观的根本分歧——驳杨献珍同志及其支持者的"合二而一"论　沈淇

李秀成是一个道地的革命叛徒——评《李秀成自述》　刘西芳

《李秀成自述》是投降书　江应樑

论摩尔根的原始社会史分期——兼与杨堃先生商榷　吕光天

试论麓川政权及其社会性质——兼与郑镇峰、黄惠焜同志商榷　黄宝瑃

人类学、考古学、民族学与阶级斗争的关系　梁钊韬

也谈氏族和部落的关系问题——与杨堃先生商榷　杨保隆

如何区别中国历史上的民族与部落　彭英明　徐杰舜